纯电动汽车维护指南

交通运输部公路科学研究院 编著

人民交通出版社股份有限公司

北京

内 容 提 要

本书围绕纯电动汽车售后维护实际需求，结合《纯电动汽车维护、检测、诊断技术规范》（JT/T 1344—2020）标准研究编制而成。本书系统梳理了纯电动汽车维护相关的现行管理政策及标准要求，阐述了纯电动汽车的基础知识、维护设备及作业安全、维护项目及操作等内容。

本书对提高纯电动汽车售后维护规范性、保障纯电动汽车维护质量等具有积极意义，可作为开展纯电动汽车维护作业人员培训的参考教材。

图书在版编目（CIP）数据

纯电动汽车维护指南 / 交通运输部公路科学研究院编著. — 北京：人民交通出版社股份有限公司，2021.10

ISBN 978-7-114-17672-2

Ⅰ. ①纯… Ⅱ. ①交… Ⅲ. ①电动汽车—车辆修理—指南 Ⅳ. ①U469.72-62

中国版本图书馆CIP数据核字（2021）第215368号

Chundiandong Qiche Weihu Zhinan

书　名：	纯电动汽车维护指南
著 作 者：	交通运输部公路科学研究院
责任编辑：	刘　博
责任校对：	刘　芹
责任印制：	刘高彤
出版发行：	人民交通出版社股份有限公司
地　　址：	（100011）北京市朝阳区安定门外外馆斜街3号
网　　址：	http://www.ccpcl.com.cn
销售电话：	（010）59757973
总 经 销：	人民交通出版社股份有限公司发行部
经　　销：	各地新华书店
印　　刷：	北京印匠彩色印刷有限公司
开　　本：	720×960　1/16
印　　张：	9.25
字　　数：	156千
版　　次：	2021年10月　第1版
印　　次：	2021年10月　第1次印刷
书　　号：	ISBN 978-7-114-17672-2
定　　价：	36.00元

（有印刷、装订质量问题的图书由本公司负责调换）

主编单位

交通运输部公路科学研究院

参编单位

宁德时代新能源科技股份有限公司

中国汽车工程研究院股份有限公司

厦门金龙联合汽车工业有限公司

浙江吉利控股集团汽车销售有限公司

编审委员会

主　　编：陈潮洲　许书权　刘富佳
副 主 编：孟祥峰　夏国强　周　刚
参编人员：张　凯　鲍欢欢　许书军　邬果昉　马　骏
　　　　　杨小娟　武卫忠　王　平　马全林　冯瑞祥
　　　　　张红波　宋尚斌　陈章宇　姚建亮　林彭勇
　　　　　洪少阳　王锦瑞　赵太贵　张　彪　吴显能
　　　　　吴　敏　林　立

审查委员会成员：
　　　　　陈　英　北京市交通委员会
　　　　　张远松　东风汽车集团有限公司
　　　　　王国峰　郑州宇通客车股份有限公司
　　　　　梁丰收　比亚迪汽车工业有限公司
　　　　　艾儒彬　厦门金龙旅行车有限公司
　　　　　周志国　浙江省交通职业技术学院
　　　　　陈训龙　上海阅途信息技术有限公司
　　　　　陈　峰　武汉福卡迪汽车技术有限公司
　　　　　吕乃伟　吉利汽车研究院（宁波）有限公司
　　　　　薛　瑞　行云新能科技（深圳）有限公司

前言 PREFACE

汽车电动化发展推动了汽车产业链的变革，汽车售后维修作为汽车产业链的重要环节，伴随着汽车产业电动化转型和规模化发展迎来了重要的发展机遇和挑战。

我国纯电动汽车保有量逐年增长，截至2021年9月，全国新能源汽车保有量达678万辆，占汽车总量的2.28%。其中，纯电动汽车保有量552万辆，占新能源汽车总量的81.53%。纯电动汽车的爆发式增长态势暴露出当前售后维修服务保障方面的短板，突出表现为维修技术人才较少、技术保障基础条件不完善、维护作业技术规范性不足等问题。同时，由于纯电动汽车在车辆系统组成、结构原理、失效特点、故障模式、维护作业安全和作业内容等方面与传统燃油汽车存在一定差异，传统燃油汽车的维护、修理工艺及相关作业操作规范不能直接套用于纯电动汽车。

为规范在用纯电动汽车维护及技术管理，提高在用纯电动汽车运行安全保障水平，加强纯电动汽车售后维护作业指导，提高纯电动汽车维护管理质量和水平，编者结合交通运输行业标准《纯电动汽车维护、检测、诊断技术规范》（JT/T 1344—2020），以普及纯电动汽车维护知识、提升维护人员技能为出发点，以纯电动汽车与传统燃油汽车的差异性为切入点，从发展现状、管理政策及标准，基础知识，维护设备及作业安全，维护项目及操作四个章节进行系统阐述。第一章介绍了纯电动汽车售后维护相关政策标准，第二章介绍了纯电动汽车结构、原理等基础理论知识，第三章介绍了纯电动汽车维护作业在人员、场地、设备、工具等方面的基本要求，第四章介绍了主要维护作业项目内容及相关操作，以期实现指导和规范相关人员开展纯电动汽车维护作业的目的。插电式混合动力汽车、增程式电动汽车等其他新能源汽车的高压系统（部件）部分的维护作业，可参考使用。

本书编写过程中，查阅并引用了相关文献资料，得到了北京市交通委员会、贵州省道路运输局、甘肃省道路运输事业发展中心等行业管理部门，宁德时代新能源汽车股份有限公司、厦门金龙联合汽车工业有限公司、浙江吉利控股集团汽车销售有限公司、吉利汽车研究院（宁波）有限公司、郑州宇通客车股份有限公司、厦门金龙旅行车有限公司、上海阗途信息技术有限公司、比亚迪汽车工业有限公司、东风汽车集团有限公司、武汉福卡迪汽车技术有限公司、行云新能科技（深圳）有限公司、福建万润新能源科技有限公司等有关企业专家的大力支持和帮助，在此一并表示感谢。由于纯电动汽车技术的发展仍处于不断研究和迭代升级过程中，本书涉及内容范围较广，且受限于编者水平，书中难免存在疏漏、错误或不足的地方，敬请广大读者及专家批评指正。

编　者

2021年9月

目录

第一章 概述 …… 1
 第一节 纯电动汽车发展现状 …… 1
 第二节 在用纯电动汽车管理政策 …… 2
 第三节 纯电动汽车维护标准 …… 10

第二章 纯电动汽车基础知识 …… 27
 第一节 纯电动汽车基本结构 …… 27
 第二节 动力蓄电池及驱动电机系统 …… 34
 第三节 纯电动汽车辅助电气系统 …… 44
 第四节 纯电动汽车高压安全功能 …… 66

第三章 纯电动汽车维护设备及作业安全 …… 74
 第一节 高压电认知 …… 74
 第二节 维护设备及作业安全要求 …… 77

第四章　纯电动汽车维护项目及操作 ………………………………… 89
第一节　仪表信号指示装置维护 ……………………………………… 89
第二节　电气系统绝缘性能维护 ……………………………………… 92
第三节　动力蓄电池系统及驱动电机系统维护 ……………………… 95
第四节　辅助电气系统维护 ………………………………………… 107
第五节　其他维护项目 ……………………………………………… 118

参考文献 …………………………………………………………………… 127

附件　《纯电动汽车维护、检测、诊断技术规范》
（JT/T 1344—2020） ………………………………………… 131

第一章 概 述

发展新能源汽车是实现汽车强国的必由之路，近年来，我国新能源汽车特别是纯电动汽车的保有量快速增长，为适应汽车电动化发展和规模化应用这一趋势，确保纯电动汽车售后得到及时、规范、有效维护，保障纯电动汽车运行安全、高效，相关部门从售后保障角度相继出台了一系列政策措施和制度标准。本章将从纯电动汽车发展现状、使用管理政策现状及《纯电动汽车维护、检测、诊断技术规范》（JT/T 1344—2020）标准规定内容三个方面进行介绍。

第一节 纯电动汽车发展现状

我国已将汽车强国作为国家战略，并将新能源汽车产业发展作为汽车强国的重点任务之一。为推动新能源汽车产业发展，国家连续多年实施新能源汽车推广应用财政补贴政策，通过将技术指标与补贴标准挂钩的方式，激发产业创新，促进产品技术提升，下一步，随着财政补贴力度的降低乃至取消，双积分制度将接档管理，以此促进企业持续加大新能源汽车投资和研发力度，促进产业可持续发展。

随着新能源汽车产业政策持续推动新能源汽车产业对产品研发积极投入，我国新能源汽车产业高质量发展提速，截至2021年9月，全国新能源汽车保有量达678万辆，占汽车总量的2.28%。其中，纯电动汽车保有量552万辆，占新能源汽车总量的81.53%，新能源汽车特别是纯电动汽车保有规模持续攀升。《新能源汽车产业发展规划（2021—2035年）》（国办发〔2020〕39号）（以下简称《规划》）进一步指出，新能源汽车产业发展面临新阶段、新特征，国家拟进一步推进纯电动汽车、插电式混合动力（含增程式）汽车、燃料电池汽车为"三纵"，动力蓄电池与管理系统、驱动电机与电力电子、网联化与智能化技术为"三横"的研发布局，积极构建共性技术和创新平台，提升公共服务能力。《规划》同时提出，到"十四五"末，新能源汽车新车销售量达到汽车新车销售总量的20%左右，到2035年，纯电动汽车成为新销售车辆的主流，公共领域用车全面电动化。未来，将会有更多新能源汽车特别是纯电动汽车将被投入到交通运输、私人日常出行等领域。

第二节　在用纯电动汽车管理政策

随着纯电动汽车保有量的持续增长，为加强对纯电动汽车售后使用环节的管理，保障车辆运行安全，各部委结合自身职责，从产品安全、应急管理、产品质量以及运行保障等角度，制定了系列管理政策要求。

围绕产品安全和产品质量，在产品安全角度，管理政策要求汽车生产企业及相关零部件生产企业开展新能源汽车的安全隐患专项排查工作，重点针对已售车辆、库存车辆的防水保护、高压线束、车辆碰撞、车载动力蓄电池、车载充电装置、蓄电池箱、机械部件和易损件开展安全隐患排查工作，其中对存在碰撞、过水等安全事故和软件诊断温度、绝缘性能存在异常的车辆应当进行开箱检查，开箱后进行修复的要对气密性进行检测。

在产品质量方面，市场监管部门根据《缺陷汽车产品召回管理条例》和《缺陷汽车产品召回管理条例实施办法》（2020年国家市场监督管理总局令第31号，原国家质量监督检验检疫总局令第176号），对新能源汽车产品质量进行监督管理。依据《家用汽车产品修理更换退货责任规定》（2021年国家市场监督管理总局令第43号），对新能源汽车产品的修理、更换和退货进行管理；工信部门根据《关于进一步加强新能源汽车产品召回管理的通知》（市监质函〔2019〕531号）和《关于进一步规范新能源汽车事故报告的补充通知》（质函〔2019〕5号），明确了新能源汽车产品缺陷召回及事故报告要求。同时，按照《电动汽车远程服务与管理系统技术规范》（GB/T 32960）要求，新能源汽车还应安装专用车载终端设备，在售后使用过程中，上传整车关键数据至地方检测平台和国家监管平台，实现对在用新能源汽车运行情况的数字化、平台化监管。生产企业需通过企业监测平台实时监测关键系统运行参数，对发现存在安全隐患的，需及时进行预警并采取有效措施消除隐患。

围绕纯电动汽车应急消防，相关协会组织开展了纯电动汽车消防安全团体标准的研究制定工作，重点围绕动力蓄电池生产储运、充换电站、电动车辆三条主线，构建纯电动汽车消防安全技术规范体系，对纯电动汽车从三个方面提出了要求，包括车辆本身性能、事故救援及处置规程及应急预案编制要求。另外，对纯电动汽车维修人员技能的要求，目前参照《特种作业人员安全技术培训考核管理规定》（原国家安全生产监督管理总局令第30号，以下简称《规定》），纯电动汽车维修相关技术人员应先经过专门的安全技术培训并考核合格，取得《中华人民共和国特种作业操作证》。纯电动汽车高压系统部件的维护、修理等作业项目通常被认为是《规定》特种作业目录中电工作业类别下的低压电工作业项目（工种），即属于对1kV以下的低压电器设备进行安装、调试、运行操作、维护、检修、改造施工和试验的作业。

围绕车辆运行保障，交通运输领域新能源汽车的运用相对集中，如多数纯电动汽车应用在公交车、出租车等领域。针对道路运输车辆维护的相关政策要求体现在《中华人民共和国道路运输条例》《道路运输车辆技术管理规定》（交通运输部2019年第19号令）中，城市公共交通方面的维护要求体现在《城市公共汽车和电车客运管理规定》（交通运输部令2017年第5号）和正在制定的《城市公共交通管理条例》中。

国务院及相关部委发布的新能源汽车重要产业政策及在用纯电动汽车管理相关政策文件见表1-1。

表1-1

国务院及相关部委发布的新能源汽车重要产业政策

序号	部门	文件名称	文件号	政策要点
1	国务院	节能与新能源汽车产业发展规划(2012—2020年)	国发〔2012〕22号	提出以"纯电驱动"为新能源汽车发展和汽车工业转型的主要战略取向,当前重点推进纯电动汽车和插电式混合动力汽车产业化,推广普及非插电式混合动力汽车、节能内燃机汽车,提升我国汽车整体技术水平
2	国务院	新能源汽车产业发展规划(2021—2035年)	国办发〔2020〕39号	提出"市场主导、创新驱动、协调推进、开放发展"的原则,坚持电动化、网联化、智能化发展方向,深入实施发展新能源汽车国家战略,以融合创新为重点,突破关键核心技术,提升产业基础能力,构建新型产业生态,完善基础设施体系,优化产业发展环境,推动我国新能源汽车产业高质量可持续发展,加快建设汽车强国。提出了2025年短期目标和2035年发展愿景
3	工业和信息化部	关于进一步做好新能源汽车推广应用安全监管工作的通知	工信部装〔2016〕377号	从产品责任延伸制度的角度,明确了应进行隐患排查的项目清单。其中,重点对IP防护失效、车辆泡水、车辆碰撞、线束连接松动、频繁充放电、长期搁置以及工作行驶环境恶劣的新能源汽车产品质量安全及生产一致性,要求生产企业等各环节严格把控,维护保养等环节立足严责任意识,从研发制造、运行监控、产品质量保承诺、安全运行档案制度、做好新能源汽车定期安全检查,建立健全新能源汽车售后服务网络,合理布局售后服务,保养等服务工作定期维特别要加强对动力蓄电池、线束插接器在内的高压系统的检查维护
4	装备中心	关于开展新能源乘用车、载货汽车安全隐患专项排查工作的通知	装备中心〔2018〕265号	开展隐患排查工作,明确了应进行隐患排查的新能源汽车车辆范围及动力蓄电池应进行隐患排查,重点对IP防护失效、车辆泡水、车辆碰撞、线束连接松动、频繁充放电长期搁置的车辆开展安全隐患排查工作,对动力蓄电池进行外观检查、主要检查项目包括外观检查、软件诊断、气密性检测、开箱检查及换件检查和容量测试等
5	装备中心	关于开展新能源客车安全隐患专项排查工作的通知	装备中心〔2018〕第213号	开展对各车产品的安全隐患排查,重点对IP防护失效、车辆泡水、车辆碰撞、线束连接松动、频繁充放电进行长期搁置的车辆开展安全隐患排查工作。并明确要求对动力蓄电池进行外观检查项目包括外观检查、软件诊断、气密性检测、开箱检查及换件检查和容量测试等

续上表

序号	部门	文件名称	文件号	政策要点
6	工业和信息化部	关于开展新能源汽车安全隐患排查工作的通知	装备中心2019年第520号	开展对已售车辆，库存车辆的防水保护、高压线束、车辆碰撞、车载动力蓄电池、车载充电装置、蓄电池箱、机械部件和易损件开展安全隐患排查工作。要求企业对各地区售后服务机构，包括但不限于服务设备及配备消防器材配置和应用能力，防雨防护能力等进行排查。并对动力蓄电池检查及软件检测、开箱后能存在异常的车辆应当进行开箱检查，开箱后进行修复的要求开箱后进行检测。其中对车任碰撞、过水安全事故所后及软件、气密性检测、绝缘性能存在异常的明确：包括其外观检查、技术人员维修及防护能力等进行排查。专用维修设备及工具配备及绝缘防护、材料置和应用能力，包括维修设备工具配备及工具配备及绝缘防
7	市场监管总局	家用汽车产品修理更换退货责任规定	国家市场监督管理总局令第43号	第九条 （七）家用纯电动、插电式混合动力汽车产品的动力蓄电池在包修期、三包有效期内的容量衰减超限值 第二十条 家用汽车产品自三包有效期起算之日起60日内或者行驶里程3000公里之内（以先到者为准）。因发动机、变速器、动力蓄电池、行驶驱动电机的主要零部件出现质量问题的，消费者可以凭三包凭证选择更换发动机、变速器、动力蓄电池、行驶驱动电机。修理者应当自收到之日起7日内。因质量问题需要更换发动机、变速器、动力蓄电池、行驶驱动电机或者其主要零部件的，销售者应当免费更换家用汽车产品或者退货。 第二十三条 家用汽车产品自三包有效期起算之日起60日内或者行驶里程3000公里之内（以先到者为准），因车身开裂、燃油泄漏或者动力蓄电池起火、动力系统失效，车身开裂、燃油泄漏或者动力蓄电池起火的，消费者可以凭购车发票，三包凭证选择更换家用汽车产品或者退货。销售者应当免费更换或者退货。 第二十四条 家用汽车产品在三包有效期内出现下列情形之一，消费者凭车发票、三包凭证选择更换家用汽车产品或者退货的，销售者应当更换或者退货：

续上表

序号	部门	文件名称	文件号	政策要点
7	市场监管总局	家用汽车产品修理更换退货责任规定	国家市场监督管理总局令第43号	（一）因严重安全性能故障累计进行2次修理，但仍未排除该故障或者出现新的严重安全性能故障的 （二）发动机、变速器、动力蓄电池、行驶驱动电机，仍不能正常使用的 （三）发动机、变速器、动力蓄电池、行驶驱动电机、转向系统、制动系统、悬架系统、传动系统、污染控制装置、车身的同一主要零部件因其质量问题累计更换2次，仍不能正常使用的 （四）因质量问题累计修理时间超过30日，或者因同一质量问题累计修理超过4次的 发动机、变速器、动力蓄电池、行驶驱动电机的更换次数不重复计算 需要根据车辆识别代号（VIN）等定制的防盗器、全车主线束等特殊零部件的运输时间，以及外出救援路途所占用的时间，不计入本条第（四）项规定的修理时间
8		市场监管总局办公厅关于进一步加强新能源汽车产品召回管理的通知	市监质函〔2019〕531号	文件对新能源汽车，明确了三个方面的要求： 一是中国境内依法设立的生产汽车产品并以其名义颁发产品合格证的企业，以及从中国境外进口汽车产品到中国境内销售的企业，获知其生产、销售或者进口的新能源汽车产品上发生交通碰撞、火灾等相关事故，应按照《缺陷汽车产品召回管理条例》第十二条规定、立即组织调查分析，并向市场监管总局（质量发展局）报告调查分析结果 二是动力蓄电池、电机和电控系统等缺陷汽车零部件生产者获知新能源汽车可能存在缺陷的，应按照《缺陷汽车产品召回管理条例实施办法》第十三条规定，向市场监管总局（质量发展局）报告，并通报生产者。同时，配合缺陷调查、召回实施等相关工作 三是市场监管总局将建立新能源汽车火灾事故深度调查机制，及时对相关投诉和事故信息进行分析评估，组织开展缺陷技术会商与调查，缺陷判定和召回效果评估

续上表

序号	部门	文件名称	文件号	政策要点
9	市场监管总局	市场监管总局关于进一步规范新能源汽车事故报告的补充通知	质函〔2019〕5号	一是生产者获知其生产、销售或进口的新能源汽车在中国市场发生冒烟、起火事故的，应在事故发生后12小时内（如造成人员伤亡或重大社会影响的，应在事故发生后6小时内）向市场监管总局质量发展局报告基本信息。生产者应在事故发生后48小时内向市场监管总局质量发展局报告事故信息。二是生产者在新能源汽车火灾事故发生后，应主动排查同型号、同批次或使用同样零部件的车辆是否存在火灾安全隐患。三是市场监管总局缺陷产品管理中心将根据生产者事故信息报告情况，组织新能源汽车事故调查协作网的专家开展火灾事故深度调查与分析、缺陷风险评估等工作。市场监管总局质量发展局将根据事故调查和风险评估情况启动缺陷调查，必要时向消费者发布警示或导致交通事故的，生产者应参照上述时限要求及时向市场监管总局质量发展局报告
10	交通运输部	交通运输部关于加快推进新能源汽车在交通运输行业推广应用的实施意见	交运发〔2015〕34号	贯彻落实《国务院办公厅关于加快新能源汽车推广应用的指导意见》（国办发〔2014〕35号），加快推进新能源汽车在交通运输行业推广应用。提出了2020年的推广应用目标。新能源汽车在交通运输行业应用初具规模，在城市公交、出租汽车和城市物流配送等领域的总量达到30万辆（已实现）
11		道路运输车辆技术管理规定	交通运输部令2019年第19号	1）道路运输旅客运输车辆（简称客车）、道路普通货物运输车辆（简称货车）、道路危险货物运输车辆（简称危货车） 2）道路运输货物运输车辆技术管理：对道路运输车辆在交通运输行业保证符合规定的技术条件和对按要求进行维护、修理、综合性能检测等方面所做的技术性管理
12		机动车维修管理规定	交通运输部令2021年第18号	目前未针对电动汽车单独提出相关要求，电动汽车维修相关管理要求参照传统燃油汽车维修管理制度执行

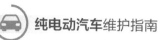

续上表

序号	部门	文件名称	文件号	政策要点
13	交通运输部	道路旅客运输及客运站管理规定	交通运输部令2016年第82号	1）未针对新能源汽车提出特殊要求,但第十条明确:从事道路客运经营的,客车所配的技术要求应当符合《道路运输车辆技术管理规定》有关规定 2）规定所称道路客车运输,是指用客车运送旅客,为社会公众提供服务,具有商业性质的道路客运活动,包括班车(加班车)客运、包车客运、旅游客运
14		道路旅客运输企业安全管理规范	交运发[2018]55号	文件由交通运输部、公安部、应急管理部联合发布。对客运企业要求是,如果企业配备了新能源车辆,应该根据新能源车辆种类、特点等,建立专门的检查制度,确保车辆技术状况良好
15		汽车客运站安全生产规范	交运规[2019]13号	对2008年发布的《汽车客运站安全生产规范》进行修订,并将2012年印发的《汽车客运站安全营运例行检查工作规范》《汽车客运站出站检查工作规范》整合到该文件中
16		道路危险货物运输管理规定	交通运输部令2016年第36号	部令第八条:从事道路危险货物运输经营的,其专用车辆的技术要求应当符合《道路运输车辆技术管理规定》有关规定
17		道路货物运输及站场管理规定	交通运输部令2019年第17号	部令第六条:申请从事道路货物运输经营的,车辆技术要求应当符合《道路运输车辆技术管理规定》有关规定
18		危险货物道路运输安全管理办法	交通运输部令2019年第29号	由交通运输部、工业和信息化部、公安部、生态环境部、应急管理部、国家市场监督管理总局联合发布。联合第二十三条:危险货物运输承运人应当使用安全技术条件符合国家标准要求且与承运危险货物性质、重量相匹配的车辆、设备进行运输

第一章 概述

续上表

序号	部门	文件名称	文件号	政策要点
19	交通运输部	城市公共汽车和电车客运管理规定	交通运输部令2017年第5号	部令第七条提出：国家鼓励推广新技术、新能源、新装备。加强城市公共交通智能化建设，推进物联网、大数据、移动互联网等现代信息技术在城市公共汽电车客运营、服务和管理方面的应用第四十七条：运营企业应当建立城市公共汽电车车辆安全管理制度，定期对运营车辆及附属设备进行检测、维护、更新，保证其处于良好状态。不得将存在安全隐患的车辆投入运营
20		城市公共交通管理条例	制定中	司法部官网2019年5月9日公开征求意见稿要求城市公共交通企业应当对车辆、轨道、信号、站牌、电梯等设施设备进行定期检测、维护保养，确保性能良好和安全运行

· 9 ·

第三节　纯电动汽车维护标准

随着纯电动汽车产业的发展，国家已发布了众多电动汽车相关国家标准和行业标准，见表1-2和表1-3，但缺少纯电动汽车使用过程中的维护、检测、诊断技术标准，2020年10月30日发布的《纯电动汽车维护、检测、诊断技术规范》（JT/T 1344—2020）是首个针对纯电动汽车售后维护的技术规范标准。该标准规定了纯电动汽车维护的作业安全和技术要求，将为道路运输企业、维修企业等单位开展电动汽车维护作业提供技术支持，标准从纯电动汽车的维护作业安全、维护周期、维护项目及竣工检验要求等方面做出了详细规定。

一、作业安全

纯电动汽车因采用动力蓄电池为动力源，其主要关键系统部件最高电压通常可达到600V左右甚至更高，对纯电动汽车进行维护作业有别于传统燃油汽车的维护，需要明确对高压系统部件维护的有关安全要求，标准主要从作业环境、应急设备、作业人员、防护安全、车辆状态等方面提出有关要求。

作业环境方面，要求维护作业场地应干燥，并设置警示隔离区和警示牌。

应急设备方面，要求维护作业区域配备消防及高压防护应急设备，包括但不限于消防剪、消防沙、消防铲、灭火器、防毒面罩、绝缘棒等。

作业人员方面，要求作业人员取得电工特种作业操作证，并经专业培训合格后上岗。车辆高压系统维护作业时，应由不少于2人协同操作，维护作业人员应遵守电工安全操作规范。

防护安全方面，要求作业人员应穿戴安全防护装备，使用具有绝缘防护的作业工具，禁止佩戴金属饰品进行作业。安全防护装备应包括但不限于绝缘手套（建议耐压等级在1000V以上）、绝缘鞋、眼护具、安全帽等。防护装备和作业工具应无破损、绝缘有效。

第一章 概述

表1-2 电动汽车相关国家标准

序号	标准号	标准名称	发布日期	实施日期	主要内容
1	GB 7258—2017	机动车运行安全技术条件	2017-09-29	2018-01-01	要求电动汽车进行绝缘电阻监测,在整车绝缘电阻低于规定要求时,应通过一个明显的信号(例如:声或光信号)装置提醒驾驶人
2	GB 18384—2020	电动汽车安全要求	2020-05-12	2021-01-01	规定了电动汽车的安全要求和试验方法。适用于车载驱动系统的最大工作电压是B级电压与电网连接的道路车辆
3	GB 38031—2020	电动汽车用动力蓄电池安全要求	2020-05-12	2021-01-01	1)标准仅考虑电动汽车用动力蓄电池单体、蓄电池包或系统最基本的安全要求,以提供对人身的安全保护,不涉及生产、运输、维护和回收安全,也不涉及性能和功能特性 2)规定了电动汽车用动力蓄电池用锂离子蓄电池和镍氢蓄电池等可充电电储能装置的试验方法。适用于电动汽车用动力蓄电池单体、蓄电池包或系统
4	GB 38032—2020	电动客车安全要求	2020-05-12	2021-01-01	1)规定了电动客车的安全要求和试验方法。适用于M2类、M3类电动客车,包括纯电动客车、混合动力电动客车。不适用于燃料电池电动客车 2)为提高电动客车安全技术水平,完善安全要求及试验方法、防火、防尘、防水,可充电电储能系统、充电安全要求本标准,标准参考了GB/T 31467.3—2015、GB/T 18487.1—2015及UN GTR NO.20等传统客车标准,电动汽车整车及零部件相关标准,在满足GB 38031基础上制定本标准
5	GB 2811—2019	头部防护安全帽	2019-12-31	2020-07-01	规定了安全帽的分类与标记、技术要求、检验及标识、头部防护所用的安全帽,不适用于消防、应急救援、运动用头部防护用品
6	GB/T 4094.2—2017	电动汽车操纵件、指示器及信号装置的标志	2017-09-29	2019-07-01	规定了电动汽车特有的操纵件、指示器及信号装置的标志和信号装置显示颜色的基本要求
7	GB/T 4208—2017	外壳防护等级(IP代码)	2017-07-31	2018-02-01	适用于额定电压不超过72.5 kV,借助外壳防护的电气设备的防护分级

续上表

序号	标准号	标准名称	发布日期	实施日期	主要内容
8	GB 12011—2009	足部防护电绝缘鞋	2009-04-13	2009-12-01	规定了电绝缘鞋的贮存、电性能、绝缘鞋的贮存场所，存放期限等，适用于在电气设备上工作时作为辅助安全用具的电绝缘鞋。超过24个月的，要逐只进行电性能预防性检验，只有符合规定的鞋方可使用
9	GB 14866—2006	个人用眼护具技术要求	2006-02-27	2006-12-01	1) 规定了个人用眼具的技术性能要求及相应的试验方法，适用于除核辐射、X光、激光、红外线及其他辐射以外的各类个人眼护具 2) 眼护具类型全按照结构划分，可划分眼镜、眼罩、面罩。标准定义了眼护具的概念。即指防御烟雾、化学物质、金属火花、飞屑和粉尘等伤害眼睛、面部的防护用具
10	GB/T 17622—2008	带电作业用绝缘手套	2008-09-24	2009-08-01	标准采用了ISO、IEC等国际或国外组织的标准。标准适用于在交流35 kV及以下的电压等级的电气设备上进行带电作业时使用的绝缘手套
11	GB/T 18385—2005	电动汽车动力性能试验方法	2005-07-13	2006-02-01	规定了纯电动汽车的加速特性、最高车速及爬坡能力等的试验方法，适用于纯电动汽车
12	GB/T 18386—2005	电动汽车能量消耗率和续驶里程试验方法	2005-07-13	2006-02-01	规定了纯电动汽车的能量消耗率和续驶里程，适用于纯电动汽车
13	GB/T 18487.1—2015	电动汽车传导充电系统 第1部分：通用要求	2015-12-28	2016-01-01	规定了电动汽车充电系统分类、通用要求、通信、电击防护、电动汽车和供电设备之间的连接、车辆接口和供电接口的特殊要求、结构要求、性能要求、过载保护和短路保护、急停、使用条件、维修和标识及说明。适用于电动汽车非车载传导充电的供电设备，不适用于电动汽车传导充电系统维护相关的安全要求
14	GB/T 18487.2—2015	电动汽车传导充电系统 第2部分：非车载电设备电磁兼容要求	2017-12-29	2018-07-01	规定了电动汽车非车载传导充电的电动汽车供电设备的电磁兼容要求。供电设备的额定电压最大值为1000V AC或者1500V DC，额定输出电压最大值为1000V AC或者1500V DC。适用于GB/T 18487.1—2015中规定的充电模式2、充电模式3、充电模式4的供电设备

续上表

序号	标准号	标准名称	发布日期	实施日期	主要内容
15	GB/T 18488.1—2015	电动汽车用驱动电机系统 第1部分：技术条件	2015-02-04	2015-09-01	规定了电动汽车用驱动电机系统的工作制、电压等级、型号命名、检验规则以及标志与标识等；适用于电动汽车用驱动电机、驱动电机控制器
16	GB/T 18488.2—2015	电动汽车用驱动电机系统 第2部分：试验方法	2015-02-04	2015-09-01	规定了电动汽车用驱动电机系统试验用的仪器仪表、试验准备及各项试验方法；适用于电动汽车用驱动电机系统、驱动电机、驱动电机控制器
17	GB/T 19596—2017	电动汽车术语	2017-10-14	2018-05-01	规定了与电动汽车相关的术语及定义。标准适用于电动汽车整车、驱动电机系统、可充电储能系统及充电机
18	GB/T 19836—2019	电动汽车用仪表	2019-10-18	2020-05-01	规定了电动汽车仪表特有的指示和显示内容、标准适用内容、标准适用于电动汽车
19	GB/T 20234.1—2015	电动汽车传导充电用连接装置 第1部分：通用要求	2015-12-28	2016-01-01	规定了电动汽车传导充电用连接装置的定义、要求、试验方法和检验规则。适用于电动汽车传导充电式充电用的充电连接装置。其中：交流额定电压不超过690V，额定电流不超过250A、额定频率50Hz，直流额定电压不超过1000V、额定电流不超过400A。标准不适用于使用了符合GB 2099.1和GB 1002的标准化插头和插座
20	GB/T 20234.2—2015	电动汽车传导充电用连接装置 第2部分：交流充电接口	2015-12-28	2016-01-01	规定了电动汽车传导充电用交流充电接口的通用要求、功能定义、型式、结构、参数和尺寸。适用于电动汽车导充电式的交流充电接口，其额定电压不适用于440V（AC），频率50Hz，额定电流不超过63A（AC）。标准不适用于使用了符合GB 2099.1和GB 1002的标准化插头和插座
21	GB/T 20234.3—2015	电动汽车传导充电用连接装置 第3部分：直流充电接口	2015-12-28	2016-01-01	本部分规定了电动汽车直流充电用直流充电接口的通用要求、功能定义、型式结构、参数和尺寸。适用于充电模式4级连接方式C的车辆接口，其额定电压不超过1000V（DC），额定电流不超过250A（DC）

续上表

序号	标准号	标准名称	发布日期	实施日期	主要内容
22	GB/T 24347—2009	电动汽车DC/DC变换器	2009-09-30	2010-02-01	标准规定了电动汽车DC/DC变换器的要求、试验方法、检验规则、标志、包装、运输、贮存等。适用于电动汽车动力电源系统用DC/DC变换器，附件和控制系统低压电源系统使用的DC/DC变换器可参照执行
23	GB/T 24552—2009	电动汽车风窗玻璃除霜除雾系统的性能要求及试验方法	2009-10-30	2010-07-01	规定了电动汽车风窗玻璃除霜、除雾系统的性能要求及试验方法。除雾系统使用动力蓄电池作为动力源的M1类纯电动汽车干除霜
24	GB/T 28382—2012	纯电动乘用车技术条件	2012-05-11	2012-07-01	规定了座位数在5座及以下的纯电动乘用车的术语和定义、技术要求和试验方法。针对车辆维护，标准提出车辆的正常维护和充电应按照车辆制造厂的规定执行
25	GB/T 29317—2012	电动汽车充换电设施术语	2012-12-31	2013-06-01	规定了与电动汽车充换电设施相关的术语及其定义。适用于采用传导方式的电动汽车充换电设施
26	GB/T 30041—2013	头部防护安全帽选用规范	2013-12-17	2014-09-01	规定了安全帽的选择、安全帽的使用及维护、安全帽的判废等要求，适用于职业安全帽，不适用于体育运动、消防、摩托车驾驶等专用的头部防护装备的选择和使用
27	GB/T 31466—2015	电动汽车高压系统电压等级	2015-05-15	2015-12-01	规定了电动汽车高压系统的直流电压等级要求。要求电动汽车高压系统中动力蓄电池系统和/或高压配电系统（高压继电器、电阻器、主开关等）、电机控制器系统、电机及其配置（如果配置）和PTC加热器总成，DC/DC变换器、车载充电机（如果配置）和PTC加热器等级的直流电压等级，分为144V、288V、317V、346V、400V、576V六个等级。标准适用于纯电动汽车和混合动力电动汽车

续上表

序号	标准号	标准名称	发布日期	实施日期	主要内容
28	GB/T 32960.1—2016	电动汽车远程服务与管理系统技术规范 第1部分 总则	2016-08-29	2016-10-01	规定要求上报整车的绝缘电阻值数据到远程监控管理平台，以便监控管理及救援，需要电动汽车安装高压系统附加绝缘监测装置（Insulation monitoring device，IMD）。规定了电动汽车远程服务与管理系统的术语和定义。特别明确了在车辆出现3级故障或报警的时候，整车企业应具备提供动力蓄电池单体电压和各个电池包探针温度数据的能力，确保动力混合式纯电动汽车、插电式混合动力汽车和燃料电池汽车数据完备。标准适用于纯电动汽车、插电式混合动力汽车和燃料电池汽车，车辆企业平台和公共平台之间的数据通信的车载终端
29	GB/T 32960.2—2016	电动汽车远程服务与管理系统技术规范 第2部分 车载终端	2016-08-29	2016-10-01	规定了电动汽车远程服务与管理系统车载终端的技术要求和试验方法；标准适用于集成式和单体式的车载终端
30	GB/T 32960.3—2016	电动汽车远程服务与管理系统技术规范 第3部分：通信协议及数据格式	2016-08-29	2016-10-01	规定了电动汽车远程服务与管理系统中的协议结构、通信连接、数据包结构与定义、数据单元格式与定义。适用于电动汽车远程服务与管理系统中平台与车载终端之间的通信，车载终端至平台的传输参照执行。标准明确了整车数据格式（包括电机控制器温度、总电压、总电流、SOC等）、驱动电机数据格式（包括电机控制器温度、驱动电机温度、驱动电机转速、转矩等）、车辆位置数据、极值数据（包括动力蓄电池和驱动电机故障代码表、最高最低温度值、最高最低电压值、单体蓄电池最高最低电压）。其中通用报警、高压互锁状态报警、SOC低报警、单体一致性差报警、蓄电池低温报警、过充电报警、过放电报警、高压互锁状态报警、SOC低报警、单体一致性差报警、蓄电池低温报警等18项内容，续驶里程、蓄电池个数及参数数值定义，以及可充电储能装置或驱动电机等在内的整车基本静态信息，储能装置类型等相关静态信息的字段定义，驱动电机的冷却方式、额定电压、额定电流等相关静态信息的字段定义

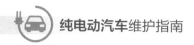

续上表

序号	标准号	标准名称	发布日期	实施日期	主要内容
31	GB/T 34013—2017	电动汽车用动力蓄电池产品规格尺寸	2017-07-12	2018-02-01	标准规定了动力蓄电池单体、模块以及标准箱的规格尺寸,适用于装载在电动汽车上的锂离子蓄电池和金属氢化物镍蓄电池
32	GB/T 35179—2017	在用电动汽车安全行驶性能台架试验方法	2017-12-29	2018-07-01	规定了电动汽车日常规检验、电气安全、动力蓄电池系统和车内电磁环境的检验项目和方法。适用于M类、N类在用电动汽车,不适用于燃料电池电动汽车、全时四驱电动汽车
33	GB/T 37133—2018	电动汽车用高压大电流线束和连接器技术要求	2018-12-28	2019-07-01	规定了由电动汽车用高压大电流线束和连接器组成的高压连接系统的一般要求、电气性能、物理性能、环境适应性、电磁屏蔽效能、试验方法和检验规则。适用于符合GB/T 18384.3—2015规定的B级电压的电动汽车用高压连接系统。同时,标准规定了高压连接系统导体与导体之间、导体与屏蔽层之间的绝缘电阻不小于100MΩ,以及电压连接器的插拔寿命不小于50次 注:高压连接系统指由高压线束和高压连接器组成,在电动汽车高压部件之间,导体与屏蔽层之间的连接装置,包括连接器、固定装置、防护管(槽)等辅助部件
34	GB/T 38661—2020	电动汽车用电池管理系统技术条件	2020-03-31	2020-10-01	规定动力蓄电池管理系统不工作时与动力蓄电池相连的带电部件和其供电电源的端子之间的绝缘电阻值应不小于10MΩ,动力蓄电池管理系统工作时与动力蓄电池相连的带电部件和其供电电源的端子之间的绝缘电阻应满足:在动力蓄电池最大工作电压下,直流电路绝缘电阻不小于100Ω/V,交流电路绝缘电阻不小于500Ω/V

表 1-3 电动汽车相关的交通运输行业标准

序号	标准号	标准名称	发布日期	实施日期	主要内容
1	JT/T 999—2015	城市公共汽电车应急处置操作规程	2015-09-23	2016-01-01	规定了城市公共汽电车企业和驾乘人员应急处置的基本操作规程，适用于城市公共汽电车企业和驾乘人员的应急处置。明确了车辆发生自燃情况下的6个方面的操作要求： 1) 应立即靠边停车熄火、打开车门、迅速疏散乘客、关闭电源、燃油、燃气总开关 2) 当车门开关失效时，应使用应急开关打开车门或打开车窗逃生通道，使用安全锤等工具击碎车窗玻璃，迅速疏散乘客。紧急情况下，应积极组织驾乘人员、社会公众参与应急救援 3) 向"110""120"报告，同时向单位报告，就近寻求抢险救助 4) 使用车载灭火器进行扑救，就近放置安全警告标志，帮助乘客换乘其他运营车辆 5) 在距车辆20m处放置安全警告标志。当有人员受伤时，应立即向"119"报警 6) 协助公安机关、医护人员做好现场处理工作
2	JT/T 1011—2015	纯电动汽车日常检查方法	2015-09-23	2016-01-01	规定了纯电动汽车日常检查的作业安全和技术要求
3	JT/T 1025—2016	混合动力城市客车技术条件	2016-02-02	2016-04-10	标准规定了混合动力城市客车的气电混合技术要求、试验方法、检验规则和标志，适用于M2类和M3类混合动力城市客车
4	JT/T 1029—2016	混合动力电动汽车维护技术规范	2016-02-02	2016-04-10	规定了混合动力汽车的维护作业安全和技术要求，适用于总质量不小于3500kg的混合动力电动汽车
5	JT/T 1045—2016	道路运输企业车辆技术管理规范	2016-04-08	2016-07-01	规定了道路运输企业车辆技术管理的机构及人员、车辆选购、车辆使用、车辆维修、车辆检测评定、车辆处置、车辆技术档案和车辆技术管理考核。标准适用于道路旅客运输、普通货物运输和危险货物运输车辆的技术管理

续上表

序号	标准号	标准名称	发布日期	实施日期	主要内容
6	JT/T 1203—2018	混合动力公共汽车配置要求	2018-05-22	2018-08-01	规定了混合动力公共汽车的分类、整车配置要求、车载储能高低压设施安全要求、混合动力设施要求和车载服务设施要求。适用于混合动力公共汽车的配置和选型
7	JT/T 1344—2020	纯电动汽车维护、检测、诊断技术规范	2020-10-30	2021-02-01	规定了纯电动汽车维护的作业安全和作业要求

车辆状态方面，要求车辆高压系统维护作业前，按照关闭车辆电源总控制开关、断开辅助蓄电池正负极或者关闭辅助蓄电池开关手柄、关闭高压维修开关的顺序（或按照车辆维修手册规定的顺序）对车辆进行断电，确认动力蓄电池高压输出电路系统的正负极电压低于36V，且绝缘电阻值符合车辆维修手册规定后，进行维护作业。维护作业完成后，应按照车辆断电的逆向顺序（或车辆维修手册规定的顺序）对车辆进行通电复位。车辆维修手册有规定其他操作安全和故障防护特殊要求的，还应遵循其规定要求。

二、维护周期

维护周期方面，依据《道路运输车辆技术管理规定》（交通运输部令2019年第19号）第十六条，"道路运输经营者应当依据国家有关标准和车辆维修手册、使用说明书等，结合车辆类别、车辆运行状况、行驶里程、道路条件、使用年限等因素，自行确定车辆维护周期，确保车辆正常维护"。因此，运输企业（维修企业）是车辆技术管理的主体，需结合企业运营车辆实际，自行制定维护周期，即日常维护由驾驶员在出车前、行车中和收车后进行，一级、二级维护周期参照车辆维修手册、使用说明书和《汽车维护检测诊断技术规范》（GB/T 18344）等执行，结合车辆类别、车辆运行状况、行驶里程、道路条件、使用年限等自行确定。

三、维护项目

标准将维护项目内容分为常规维护部分和电动系统专用装置维护部分，其中常规维护部分统一参照GB/T 18344的相关规定执行，包括日常维护、一级维护和二级维护（含进厂检验、竣工检验等）。标准主体内容是对电动专用装置提出维护要求。纯电动汽车日常维护和电动系统专用装置维护的项目、内容及要求见表1-4和表1-5。

四、竣工检验

纯电动汽车的常规维护部分按照GB/T 18344竣工检验要求进行，电动系统专用装置的二级维护需要按照《机动车维修管理规定》（交通运输部令2021年第18

号)的规定要求,实施"三检"制度,即进厂检验、过程检验和竣工检验,纯电动汽车电动系统专用装置的竣工检验项目包括以下9个方面,并填写竣工检验记录单(见表1-6)。

纯电动汽车日常维护项目、内容及要求　　　　　表1-4

序号	作业项目	作业内容	技术要求
1	仪表、信号指示装置	检查仪表	仪表完好有效,指示功能正常
		检查信号指示装置	信号指示无异常,具有声光报警和故障提醒信号
		检查蓄电池荷电状态(SOC)示值或参考行驶里程	SOC示值或参考行驶里程符合车辆维修手册的规定
2	驱动电机系统	检查工作状况	运行平稳,无异常振动和噪声
		检查外观	外观清洁,无渗漏
3	冷却系统	检查风冷过滤网	外观洁净、无破损
		检查工作状况	无异常噪声、无渗漏
		检查冷却液	冷却液液面高度符合车辆维修手册的规定
4	充电插孔	检查外观	插孔无烧蚀、无异物,插座清洁、干燥,防护盖锁闭完好有效
5	电器舱、蓄电池舱	检查外观	电器舱舱门、蓄电池舱舱门处于关闭状态,舱门锁闭完好有效
		检查有无异味	舱体周围无刺激或烧焦等异味

纯电动汽车电动系统专用装置维护项目、内容及要求　　　　表1-5

序号	作业项目		作业内容	技术要求
1	整车绝缘		检查整车绝缘电阻监测系统	绝缘电阻监测系统无报警;如存在异常情况,应进行检查并记录,绝缘电阻应符合GB 18384的规定
2	动力蓄电池系统	工作状况	检查仪表荷电状态(SOC)、电压、电流、温度等示值	示值符合车辆维修手册的规定
			检查蓄电池箱压力阀	阀体外观无破损、无堵塞
			检查车辆与蓄电池箱体的搭铁连接情况	车辆与蓄电池箱体的搭铁连接固定牢靠
		外观	检查蓄电池舱舱盖	舱盖锁闭正常,无变形
			检查蓄电池箱壳体	壳体无变形、无破损、无磕碰及损坏,无异味、无渗漏

续上表

序号	作业项目		作业内容	技术要求
2	动力蓄电池系统	外观	检查蓄电池托架	托架无断裂、无变形、无锈蚀
			检查系统表面是否有明显积尘、杂物，是否干燥	无明显积尘或杂物，清洁、干燥
			检查蓄电池外部高低压接口	高低压接口内部无水迹、烧蚀等痕迹，低压通信接口端子无变形或者松动现象
			检查高压线束及接插件	高压线束无破损，与车辆运动部件无干涉，接插件清洁、无破损
			检查动力蓄电池管理系统壳体、连接线束导线及接插件	壳体及连接线束导线清洁、干燥，接插件完好，线路布设无干涉
		冷却系统	检查冷却液高度，视情补给或更换冷却液	冷却液液面高度符合车辆维修手册的规定
			检查冷却管路	管路固定牢固、无异常泄漏、管路布设无干涉
			检查散热器或冷却装置	外观清洁、连接可靠、无泄漏
		固定情况	检查系统安装固定情况，紧固动力蓄电池箱体及托架、动力蓄电池管理系统箱体等固定螺栓（二级维护作业项目，以下统一用"▲"表示）	安装牢固，紧固力矩符合车辆维修手册的规定
			检查高压线束、接线柱等连接固定情况，紧固动力蓄电池及动力蓄电池管理系统的正负极接线柱固定螺栓▲	连接可靠，紧固力矩符合车辆维修手册的规定
			检查线束、导线固定和搭铁情况，接插件连接情况▲	线束、导线固定可靠，搭铁良好，接插件锁紧可靠
		气密性	根据车辆维修手册要求进行气密性检查▲	符合车辆维修手册的规定
3	驱动电机系统	外观	检查驱动电机箱体、减速器箱体及驱动电机控制器壳体外表面	无明显积尘、无渗漏、无裂纹，清洁、干燥
			检查高压线束、接线柱	无破损、无老化，接线柱无氧化腐蚀
			检查连接线束或导线	清洁、干燥、线路布设无干涉
		冷却系统	检查冷却液液面高度，视情补给或更换冷却液	冷却液液面高度符合车辆维修手册的规定
			检查冷却管路	管路固定牢固、无异常泄漏、管路布设无干涉

续上表

序号	作业项目		作业内容	技术要求
3	驱动电机系统	润滑系统	检查润滑系统，视情补给或更换润滑油脂	润滑油液面高度或润滑脂使用符合车辆维修手册的规定
		固定情况	检查系统安装固定情况▲	系统安装牢固
			检查高压线束、接线柱等连接固定情况，紧固驱动电机的三相接线柱、电机控制器的三相接线柱及正负极接线柱的固定螺栓▲	连接固定牢靠，紧固力矩符合车辆维修手册的规定
			检查线束导线固定和搭铁情况，接插件连接情况▲	线束导线固定可靠，搭铁良好，接插件锁紧可靠
		电机轴承	视情或按维修手册规定里程及时间要求更换轴承▲	符合车辆维修手册的规定
		电机高压接线盒	检查电机高压接线盒内部▲	干燥、无冷凝水
4	高压配电系统		检查各系统配置及系统箱体外表面，用风枪或者毛刷对箱体外部、内部各装置及相关插接件表面等进行清洁	表面无积尘或杂物，清洁、干燥
			检查主开关通断情况，并紧固熔断器接线螺母	主开关通断功能有效，开关动作灵活，无卡滞现象，熔断器接线螺母固定牢靠
			检查系统安装固定情况，紧固高压配电装置及系统箱体的固定螺栓▲	安装固定牢靠，紧固力矩符合车辆维修手册的规定
			检查高压线束、接线柱连接固定情况▲	线束无破损，各部连接固定牢靠
			检查线束导线固定和搭铁情况，接插件连接情况▲	线束导线固定牢靠，搭铁良好，接插件锁紧可靠
5	高压维修开关		检查外观	无松动发热现象，无烧蚀变形
			检查插拔、通断连接情况	插拔、通断无卡滞现象
			检查固定情况，紧固固定螺栓▲	紧固力矩符合车辆维修手册的规定
6	车载充电机		检查充电机外表面	无积尘或杂物，清洁、干燥
			检查充电状态	充电连接配合正常，充电保护有效
			检查安装固定情况▲	安装牢固
			检查高压线束及其插接件之间的连接固定情况▲	连接固定可靠

续上表

序号	作业项目	作业内容	技术要求
7	电源变换器	检查变换器外表面	无积尘或杂物，清洁、干燥
		检查安装固定情况▲	机体安装牢固
		检查高压线束及其接插件之间的连接固定情况▲	连接固定可靠
8	电动空气压缩机	检查电机运行状况	运行无异响
		检查电机机体和控制器壳体等外表面	无积尘或杂物，清洁、干燥
		检查连接线束、接线柱	线束无破损老化，接线柱无氧化腐蚀
		检查控制器连接线束导线	线束导线清洁、干燥、布线规范
		检查电机润滑系统，视情补给或更换润滑油脂	润滑油液面高度或润滑脂使用符合车辆维修手册的规定
		检查电动空气压缩机管路	无漏气现象
		检查空气滤清器或者机油滤清器	按规定里程或时间更换滤清器，滤清器清洁、无破损
		检查电机机体和控制器壳体安装情况▲	安装牢固
		检查高压线束、接线柱等连接固定情况，紧固电机三相接线柱固定螺栓▲	连接固定可靠，紧固力矩符合车辆维修手册的规定
		检查控制器线束导线固定和搭铁情况，接插件连接情况▲	线束导线固定可靠，搭铁良好，接插件锁紧可靠
9	转向系统	检查转向电机工作状况	运行无异响
		检查电机机体和控制器壳体外表面	无积尘或杂物，清洁、干燥
		检查转向电机机体和控制器壳体安装固定情况▲	安装牢固
		检查高压线束、接线柱等连接固定情况，紧固转向电机的三相接线柱、电机控制器的三相接线柱及正负极接线柱的固定螺栓▲	连接固定可靠，紧固力矩符合车辆维修手册的规定
		检查控制器线束（导线）固定和搭铁情况，接插件连接情况▲	线束（导线）固定可靠，搭铁良好，接插件锁紧可靠

续上表

序号	作业项目	作业内容	技术要求
10	空调系统	检查空调系统风机工作状况	运转正常，无异响
		检查水冷机组水泵工作运行状态	水冷机组水泵运行无异常噪声
		检查系统各管路连接情况	各管路连接可靠、无松动
		检查电动空调压缩机、PTC加热器、蒸发器及冷凝器等外表面	无积尘或杂物，清洁、干燥
		检查系统管路	管路无渗漏、无破损
		检查系统各部件安装固定情况▲	各部件安装牢固
11	电除霜器	检查电除霜器外表面	无尘土、杂物堵塞
		检查部件安装固定情况▲	各部件安装牢固
12	充电插孔	检查保护盖开启和锁闭情况	开启和锁闭有效
		检查充电插孔接插情况	接插可靠
		检查充电插孔外表面	表面无异物、无烧蚀及生锈痕迹，插座内部干燥、清洁
13	整车线束、导线、接插件	检查整车线束、导线外表面	线束、导线绝缘层无老化、无破损，导线无裸露
		检查整车接插件外表面	无积尘或杂物，清洁、干燥
		检查线束、导线固定情况▲	线束、导线固定可靠
		检查接插件连接情况▲	连接可靠、无松动
14	制动能量回收系统	检查制动能量回收系统工作状况	制动能量回收反馈正常
15	高压警告标记	检查标识是否完好、规范、清晰，粘贴是否牢固	标识完好、规范、清晰、无脱落

电动汽车电动系统专用装置二级维护竣工检验记录单　　表1-6

托修方			车牌号：		
承修方					
检验项目	检验结果				
故障码	□无故障码		□有故障码，信息描述		
仪表、信号指示装置	□无异常报警或信号提醒		□有异常报警或信号，信息描述		
灭火装置	□功能正常且在有效期内		□更换		
充电状态	□充电配合正常，充电保护有效		□充电连接异常		
绝缘性	□绝缘有效		□绝缘故障		
检查项目	运行状况	外观	固定情况	密封性	冷却（散热）系统
动力蓄电池系统					
驱动电机系统					
电动空气压缩机					/
转向系统					/
空调系统					/
电除霜器	/				/
高压维修开关	/				/
电源变换器					/
车载充电机					/
充电插孔	/		/		/
制动能量回收系统		/	/		/
高压警告标记	/		/		/
结论			检验人员（签字）：　　　年　月　日		

注1：检查结果中符合要求的对应位置记"√"，不符合要求的记"○"，"/"表示此项不作要求。
注2：若无表中某项或某几项，则这些项目不作要求；若存在其他项目，宜作相应增项。

①使用诊断仪进行故障诊断，要求无故障信息。

②检视仪表、指示信号装置，要求功能正常，信号装置无异常信息。

③检视灭火装置，要求自动灭火装置无报警信号，压力值在正常范围内，产品装置在有效期内。

④检查充电状态，要求充电连接配合正常，充电保护有效。

⑤检视外观，要求高压系统部件干燥干净，无异物、无积尘、无变形破损。

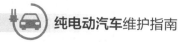

线束导线和接插件无积尘、无破损、无老化；高压警告标识齐全、规范、清晰、固定完好。

⑥检视固定情况，要求高压系统部件安装牢固，线束导线固定可靠，接插件接插可靠。

⑦检查冷却（散热）系统，要求动力蓄电池系统、驱动电机系统、空调系统等系统冷却工作正常。

⑧检查密封性，要求无漏油、无漏液、无漏气。

⑨路试检查，要求车辆起动正常，起步、加速平稳，无明显冲击，动力传输无异响；转向轻便，无异常；行车制动过程中制动能量回收功能正常。

第二章 纯电动汽车基础知识

为帮助纯电动汽车售后维护人员加强对纯电动汽车产品基础知识的认知，本章将结合纯电动汽车售后维护现状、需求，以及传统燃油汽车与纯电动汽车在结构组成、工作原理、功能设计、安全特性等方面的差异，简要介绍纯电动汽车整体基础构造、电气系统、动力蓄电池和驱动电机等主要高压系统（部件）以及纯电动汽车特有的高压安全功能设计模块的原理及功能，为相关人员开展纯电动汽车的售后维护作业提供理论支撑。

第一节 纯电动汽车基本结构

一、系统结构

纯电动汽车产品是一个集电气、机械、控制和通信技术于一体的复杂系统。与传统燃油汽车相比，两者的结构差异主要体现在能量来源和动力驱动两个方面，纯电动汽车的能量来源为动力蓄电池，传统燃油汽车则是汽、柴油；传统燃油汽车由发动机负责动力驱动，而纯电动汽车则通过驱动电机系统实现动力驱动功能。按系统划分，纯电动汽车可分为机械系统、动力蓄电池系统、驱动电机系统、信息系统和辅助电气系统，各系统定义组成具体如下。

1. 机械系统

机械系统是与传统燃油汽车相同的机械总成部件的总称，包括底盘、车身、驱动行驶装置等。

2. 动力蓄电池系统

动力蓄电池系统是由一个或一个以上蓄电池包及相应附件（蓄电池管理

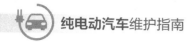

系统、高压电路、低压电路、热管理设备以及机械总成）构成的为电动汽车整车的行驶提供电能的能量存储装置。其中，动力蓄电池管理系统（Battery Management System，BMS）是核心部件，用于监视动力蓄电池的状态（温度、电压、荷电状态等），可以为动力蓄电池提供通信、安全、电芯均衡及管理控制，并提供与应用设备通信接口的系统。其可以同充电系统配合向动力蓄电池充电，也和驱动电机系统配合，实现制动能量回收。

3. 驱动电机系统

驱动电机系统是驱动电机、驱动电机控制器及其工作必需的辅助装置的组合，包括电控单元、功率转换器和驱动电机等部件，三者的关系是电控单元发出控制指令控制功率转换器的功率装置通断，功率转换器的功能是调节驱动电机与电源之间的功率流，可用于DC/DC转换或DC/AC转换。驱动电机是整车动力装置，将电能转换为旋转机械能，用于驱动车辆。

4. 信息系统

信息系统即车辆网络信息通信及控制系统，包括整车控制器、车载总线、车载网络、仪表、车载通信终端等。其中，整车控制器是整个系统的核心部件，用于对各个子系统进行协调控制，同时监控整车运行状态，包括对动力蓄电池、驱动电机、辅助电气系统部件控制器以及电动汽车充电状态等的监控管理。整车各电动子系统之间的信息传递通常通过CAN通信协议得以实现。

5. 辅助电气系统

辅助电气系统即纯电动汽车上除动力蓄电池系统、驱动电机系统以外的其他高、低压电气系统等，包括充电系统、高压配电系统以及电动辅助系统、低压电气系统等。

（1）充电系统用于向动力蓄电池补充能量，主要包括充电接口（包括供电接口和车辆接口）、车载充电机（交流充电模式）、充电电缆等相关配套组件。

（2）电动辅助系统指电动助力转向系统、电动制动系统、电动空气压缩机、电动空调、电除霜、变换器等部件。

（3）高压配电系统指安装在动力蓄电池直流输出端与负载输入端之间的高压配电控制盒组件，主要用于实现对整车各高压部件电能的管理与分配，实施电路的接通与切断，其内部设有接触器、熔断器、高压线束连接组件等。

（4）低压电气系统指利用直流12V或者24V低压蓄电池，为灯光系统、仪表系统等传统低压电气组件以及高压电气系统控制电路和辅助部件等供电，实现供电分配、整车控制、充电管理、信息监测、信息通信、驾驶交互等系列功能的系统。

6.高、低压系统对比

与传统燃油汽车相比，纯电动汽车增加了高压电气系统，其高压系统部件主要包括可充电储能系统（动力蓄电池及动力蓄电池管理系统）、驱动电机系统、充电系统、高压配电系统以及电动辅助系统等。图2-1和图2-2分别为纯电动客车和纯电动乘用车的整车主要高压电气系统布置图，对比可见，两者之间大体结构类似，主要差异体现在：纯电动客车的制动系统设置有高压电动空气压缩机，电动转向系统设置有高压助力转向电机，而纯电动乘用车上无高压电动空气压缩机，且转向系统和制动系统中的助力转向电机和助力真空泵（若有）等均属于低压部件，由低压辅助蓄电池供电。

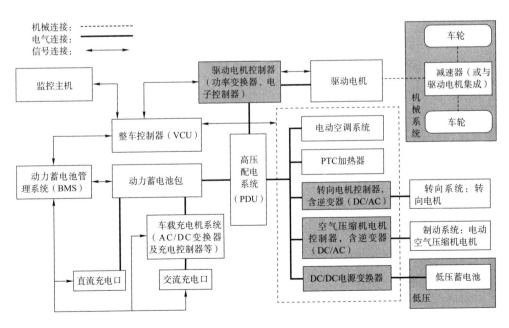

图 2-1 纯电动客车高压电气系统布置图

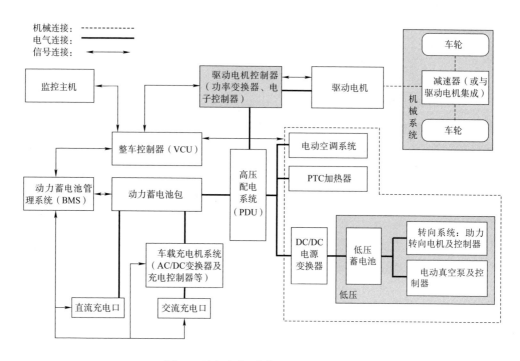

图2-2 纯电动乘用车高压电气系统布置图

纯电动汽车低压电气系统组成总体上与传统燃油汽车类似，低压电器包括灯光、仪表、娱乐、电动车窗、刮水器以及整车控制器等，主要差异体现在：纯电动汽车的低压部分辅助蓄电池的电能来源为动力蓄电池，两者之间通过DC/DC变换器实现电压变换（图2-3），而燃油汽车则是通过发动机机械能驱动发电机发电产生电能，为低压辅助蓄电池充电；纯电动汽车低压电气系统还需为高压电气系统的控制电路（如BMS、驱动电机控制器、驱动电机冷却系统以及电动汽车特有的车载终端监控主机等部件）提供低压电；传统燃油汽车的加速踏板信号、制动踏板信号、挡位信号等需要连接到发动机电子控制单元，而纯电动汽车不同，这些信号需统一接入整车控制器。整车控制器不仅是整车控制系统的核心，也是低压电气系统的核心，可对一系列输入控制器的信号进行综合分析，进而实现对整车高、低压部件的控制。

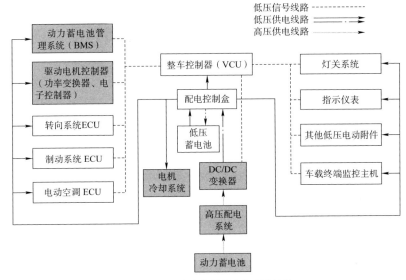

图 2-3 纯电动汽车低压电气系统连接

二、主要性能指标

1. 整车

（1）行驶性能。

①放电能量（整车）。

放电能量是指电动汽车行驶中，由储能装置释放的电能，单位为W·h。

②续驶里程。

续驶里程是指电动汽车在动力蓄电池完全充电状态下，以一定的行驶工况，能连续行驶的最大距离，单位为km。

③能量消耗率。

能量消耗率是指电动汽车经过规定的试验循环后，对动力蓄电池重新充电至试验前的容量，从电网上得到的电能除以行驶里程所得的值，单位为W·h/km。

④再生能量。

再生能量是指行驶中的电动汽车用再生制动回收的电能，单位为W·h。

注：再生制动指汽车滑行、减速或下坡时，将车辆行驶过程中的动能及势能转化或部分转化为车载可充电储能系统的能量存储起来的制动过程。

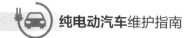

⑤动力系效率。

动力系效率是指在纯电动情况下,从动力系输出的机械能除以输入动力系的电能所得的值。

(2)安全性能。

①爬电距离。

爬电距离是指在两个可导电部分之间沿固体绝缘材料表面的最短距离。

②防护等级。

按照《道路车辆 电气电子设备防护等级(IP代码)》(GB/T 30038—2013)定义,防护等级是指对带电部分的试指(IPXXB)、试棒(IPXXC)或试线(IPXXD)接触所提供的防护程度。

③电气间隙。

电气间隙是指两个导电零部件之间测得的最短空间距离。

④电位均衡。

电位均衡是指电气设备的外露可导电部分之间电位差最小化。

(3)经济性能。

①净能量改变量

净能量改变量是指储能装置能量的净改变量,单位为kW·h。

②电动汽车整车整备质量。

电动汽车整车整备质量是指包括车载储能装置在内的整车整备质量。

2. 动力蓄电池

(1)电压。

电压包括标称电压、端电压、开路电压、额定电压、充放电(截止)终止电压等,单位为伏(V)。

①标称电压指由厂家指定的用以标识电池的适宜的电压近似值。

②端电压指正极与负极之间的电位差。

③开路电压指动力蓄电池在开路条件下的端电压。

④额定电压指动力蓄电池工作输出的标准电压,也称作平台电压。

⑤充电截止(终止)电压指蓄电池单体、模块、蓄电池包或系统正常充电时允许达到的最高电压。

⑥放电截止（终止）电压指蓄电池单体、模块、蓄电池包或系统正常放电时允许达到的最低电压。

（2）充/放电倍率。

充/放电倍率（C-rate）用于衡量动力蓄电池充/放电快慢，由充/放电倍率，可以进一步得知动力蓄电池在规定时间充/放出其额定容量时对应的电流值大小。

如，某动力蓄电池的额定容量C为20 A·h，若设置充/放电倍率为1C，则表示1h内以20A的电流大小可以将蓄电池充/放电完毕；如果设置为0.5C，则表示1h用10A的电流完成充/放电；如果设置为3C，则表示1h用60A的电流大小完成充/放电。

（3）蓄电池容量。

蓄电池容量包括额定容量、初始容量、可用容量，单位通常用A·h或者mA·h表示。额定容量是指在规定条件下测得的并由制造商标明的电池容量值；初始容量是指新出厂的动力蓄电池，在室温下，完全充电后，以1小时率放电电流放电至企业规定的放电终止条件时所放出的容量；可用容量是指在规定条件下，从完全充电的动力蓄电池中释放的容量值。

即额定容量是在实验室条件下，对充满电的动力蓄电池以某一特定的放电倍率放电到截止电压时所能提供的总电量。而实际可用容量通常不等于初始容量或额定容量，且随着动力蓄电池循环使用次数的增加，实际可用容量将逐步衰减，直至无法满足电动汽车使用需求。

（4）电池能量。

电池能量是指在规定放电模式下，电池所能输出的电能，单位为W·h或kW·h。

（5）荷电状态。

荷电状态（State of Charge, SOC），是指当前动力蓄电池中按照规定放电条件可以释放的容量占可用容量的百分比。

（6）密度。

电池密度包括能量密度和功率密度。

①能量密度包括质量能量密度和体积能量密度，分别指从蓄电池的单位质量或单位体积所获取的电能，单位分别为Wh/kg、Wh/L，也分别称为质量比能量、

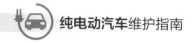

体积比能量，两者均简称为比能量。

②功率密度包括质量功率密度和体积功率密度，分别指从电池的单位质量或单位体积所获取的输出功率，单位分别为W/kg、W/L，分别称为质量比功率、体积比功率，两者均简称为比功率。

（7）放电深度。

放电深度（Depth of Discharge, DOD），是表示动力蓄电池放电状态的参数，其大小等于实际放电容量与可用容量的百分比。如50% DOD放电，表示的是充满电之后放出50%的容量。该指标与SOC指标不同，DOD是从蓄电池满态情况下开始计量，而SOC是从蓄电池空态情况下开始计量。

（8）循环使用寿命。

循环使用寿命是指动力蓄电池在衰减到最低可用容量的使用次数，包括循环寿命和日历寿命两个指标。

循环寿命通常以"次"为计量单位，指的是在指定的充放电终止条件下，以特定的充放电制度进行充放电，动力蓄电池在不能满足寿命终止标准前所能进行的循环次数。

日历寿命通常以"年"为计量单位，指的是动力蓄电池在不能满足寿命终止标准前能够接受指定操作的时间。

3. 驱动电机系统

（1）电机效率。

电机效率是指驱动电机输出功率与输入电功率的百分比。

（2）驱动电机系统效率。

驱动电机系统效率是指驱动电机系统的输出功率与输入功率的百分比。输入电功率包含为确保驱动电机系统正常运行的其他器件电功率。

第二节　动力蓄电池及驱动电机系统

一、动力蓄电池

依据《电动汽车术语》（GB/T 19596—2017），动力蓄电池指为电动汽车动力系统提供能量的蓄电池。依据工业和信息化部《新能源汽车动力蓄电池回收利用管理暂行办法》（工信部联节〔2018〕43号），动力蓄电池指为新能源汽车动力系统提供能量的蓄电池，由蓄电池包（组）及蓄电池管理系统组成，包括锂离子动力蓄电池、金属氢化物/镍动力蓄电池等，不含铅酸蓄电池，也不包括超级电容等其他新能源汽车动力蓄电池。其中，铅酸蓄电池相对便宜且性能可靠，不足的是其体积和质量较大，且含有有毒的重金属，目前仅在部分低速电动汽车、电动自行车、工程机械车辆等方面有使用。金属氢化物/镍动力蓄电池与铅酸蓄电池相比，具有容量大、能量密度大、循环寿命高、低温放电性能好等特点，但是其和锂离子动力蓄电池相比，能量密度和充电效率仍然较低。目前纯电动汽车动力蓄电池主要采用锂离子蓄电池，其结构原理及类型介绍如下。

1. 锂离子动力蓄电池的组成

锂离子动力蓄电池一般由正极、负极、隔膜、电解液、蓄电池壳体等组成。

（1）正极材料。正极材料通常采用锂离子金属氧化物或者硫化物，比如氧化钴锂、锰酸锂、磷酸铁锂以及三元材料等，正极材料是蓄电池的活性来源。

（2）负极材料。负极材料通常采用碳材料或者硅基材料，负极材料在蓄电池中发挥着储存锂的作用。

（3）隔膜。隔膜通常是绝缘性能良好的高分子树脂和辅助材料加工而成的一层薄膜。它在蓄电池中不仅能确保正极和负极有效隔离，避免短路，又能够为锂离子提供迁移通道，确保锂离子在正、负极之间顺利移动。

（4）电解质（或者电解液）。动力蓄电池的电解质（液）是一种混合物，通常由电解质锂盐、有机溶剂以及功能添加剂等复合而成。电解质在蓄电池中承担传递正负极之间电荷的作用。

2. 锂离子动力蓄电池的反应原理

在充电过程中，外部电压作用使得锂离子从正极脱离，经过电解液透过隔膜，嵌入到蓄电池负极，电子的补偿电荷从外电路供给到负极上。在放电过程中，锂离子从负极脱离，经过电解液透过隔膜到达正极，电子则从外电路（负载）回流到正极进行电荷补偿。以石墨-$LiCoO_2$为例，其正负极化学反应原理如下：

正极反应

$$LiCoO_2 \underset{放电}{\overset{充电}{\rightleftarrows}} Li_{1-x}CoO_2 + xLi^+ + xe^-$$

负极反应

$$6C + xLi^+ + xe^- \underset{放电}{\overset{充电}{\rightleftarrows}} Li_xC_6$$

总反应

$$LiCoO_2 + 6C \underset{放电}{\overset{充电}{\rightleftarrows}} Li_{1-x}CoO_2 + Li_xC_6$$

3. 锂离子动力蓄电池的类型

根据锂离子蓄电池正极材料的不同，锂离子动力蓄电池可分为磷酸铁锂蓄电池、锰酸锂蓄电池、钴酸锂蓄电池、三元锂蓄电池等，不同锂离子蓄电池的性能及优缺点对比见表2-1。对比来看，钴酸锂蓄电池和锰酸锂蓄电池的平台电压都相对较高，两者能量密度也相近，但是存在热稳定性差的问题。磷酸铁锂蓄电池的热稳定性相对较好，循环寿命、功率密度方面明显优于前两者，电压平台相对平坦（3.2~3.3V），安全性较高，成本较低，不足的是低温性能较差。三元锂蓄电池的能量密度和功率密度较高，循环寿命性能好，平台电压高（3.6~3.7V），但是在稳定性方面相较磷酸铁锂蓄电池要差。目前，纯电动汽车上应用较为广泛的为磷酸铁锂蓄电池和三元锂蓄电池。

锂离子蓄电池性能对比 表2-1

指标	类型				
	钴酸锂蓄电池（LCO）	锰酸锂蓄电池（LMO）	磷酸铁锂蓄电池（LEP）	镍钴铝三元锂蓄电池（NCA）	镍钴锰三元锂蓄电池（NCM）
质量能量密度（W·h/kg）	120~150	105~120	80~130	80~220	140~180
质量功率密度（W/kg）	600	1000	1400~2400	1500~1900	500~3000
体积能量密度（W·h/L）	250~450	250~265	220~250	210~600	325
体积功率密度（W/L）	1200~3000	2000	4500	4000~5000	6500
电压（V）	3.6~3.8	3.8	3.2~3.3	3.6	3.6~3.7
循环寿命(次)	约700	约500	1000~2000	约1000	1000~4000

4. 锂离子动力蓄电池的结构

锂离子蓄电池分单体蓄电池、蓄电池模块、动力蓄电池箱体。单体蓄电池指可直接将化学能转化为电能的基本单元，包括电极、隔膜、电解质、外壳和端子。从封装结构上看，不同类型的锂离子蓄电池单体结构通常采用不同封装方案，其中圆柱形和方形的单体蓄电池的外部封装壳体主要采用刚性壳体（圆柱形主要采用钢壳，方形主要采用铝壳或者钢壳），而软包蓄电池单体的外壳通常采用质量更小、韧度更强的铝塑膜材料。蓄电池模块指将一个以上单体蓄电池按照串联、并联或串并联方式组合，且只有一对正负极输出端子，并作为电源使用的组合体，主要包括电芯、模块结构件（上盖、侧板、短板、绝缘膜、缓冲垫等）、蓄电池参数采样传感器、电气连接部件等（图2-4）。

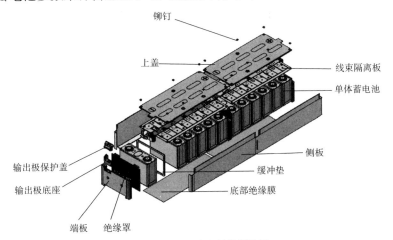

图 2-4　蓄电池模块结构爆炸图

动力蓄电池箱体用于盛装蓄电池组、蓄电池管理系统以及辅助元器件等，结构组件包括上下壳体、密封组件（如密封条）、泄压排气装置（或称平衡压力阀、防爆阀、安全阀）、螺栓螺母标准组件等。其中，泄压排气装置（如图2-5、图2-6所示）用以保持蓄电池箱体内外气压平衡，防止由于内外压差导致箱体变形，同时具有箱体防爆功能。《电动客车安全技术条件》（GB 38032）第4.4.5条要求可充电储能系统必须安装有定向泄压和压力平衡装置，泄压压强不大于50 kPa。在日常使用环节，应定期对阀体外观进行清洁，这对于蓄电池的安全使用、确保蓄电池包泄压功能正常至关重要。

图 2-5　某乘用车泄压排气装置

图 2-6　某商用车泄压排气装置

5. 动力蓄电池规格尺寸

GB/T 34013对蓄电池单体、模块及箱体的作了统一要求：

（1）单体蓄电池类型分为圆柱、软包、方形三种，圆柱形蓄电池按照蓄电池的直径划分，可以分为4个系列，分别是18、21、26和32。常见的包括18650、26700等，其中，18和26代表圆柱形蓄电池的直径，65和70代表蓄电池的长度，0代表圆柱形蓄电池；软包和方形主要从蓄电池的厚度、宽度和不含极柱的高度三个参数进行尺寸系列划分，其中，方形蓄电池共8个系列，软包蓄电池共7个系列。

（2）动力蓄电池模块（模组）的尺寸系列根据模块的厚度、宽度以及高度三个参数进行划分，按照模块的宽度，将蓄电池模块尺寸分为12个系列。

（3）GB/T 34013针对商用车推荐了5个系列的蓄电池箱体尺寸系列，箱体推荐尺寸依据长、宽、高给出。

6. 动力蓄电池成组方式

单体蓄电池、模块以及最终形成的蓄电池箱体三者的关系是，一定数量的电芯通过串联方式（Series, S）/并联方式（Parallel, P）组成模块，再由一定数量的模块通过串联/并联的方式组成蓄电池包。动力蓄电池成组方式有以下特点：

（1）"S"用于提高动力蓄电池组的整体工作电压（V）。

（2）"P"用于提高动力蓄电池组的整体容量（A·h）。

（3）动力蓄电池包的串并数可以表示为"X并X串"，即XPXS，其中X的数值大小为模块内单体并（串）联数与模块并（串）联数的积。

如"3P91S"表示首先由3个单体蓄电池进行并联组成蓄电池模块，之后91个蓄电池模块进一步串联形成蓄电池模组；1P100S则表示将100个单体蓄电池直接串联。

（4）为确保蓄电池工作电压和电流的一致性，不同并联数的模块之间无法串联，不同串联数的模块之间无法并联。

为避免成组后电压偏差，通常情况下，首选"先并后串"成组方式。这是因为，当电芯出现问题，采用"先并后串"的方式，整体电压不受影响，仅仅是容量降低。但，若采用"先串后并"的方式，当电芯出现问题时，可能造成所在并联支路的电压与其他支路出现较大偏差，因此，更易出现故障和安全隐患。

二、动力蓄电池管理系统

BMS是负责监视蓄电池的状态（温度、电压、荷电状态等），为蓄电池提供通信、安全、电芯均衡及管理控制，并提供与应用设备通信接口的系统。通过BMS内部采样电路，可实时采集蓄电池模块以及电芯的端电压、工作电流、温度等信息，并进一步运用算法和策略进行蓄电池模块SOC、电池健康状态（State of Health，SOH）、功率状态（State of Power，SOP）等的测算估计，输出给整车控制器，为实现整车控制和能量管理提供必要的蓄电池状态信息。在出现异常情况时，BMS可对动力蓄电池进行干预。BMS的功能以及结构类型如下。

1. 功能

BMS具有数据采集、状态监测、充电放电控制、均衡管理、信息管理、热管理等功能。

（1）数据采集旨在及时获取不同环境、不同工况下蓄电池包的工作状态，为整车控制提供数据依据，并针对采集到的数据，运用BMS内部算法对蓄电池进行状态估计，获得蓄电池包的SOC、SOH、SOP等参数指标。

（2）在充电过程中，BMS可根据蓄电池包实时状态（如蓄电池包温度、总电压、总电流，电芯电压以及充电机功率等级等），计算出当前允许的最大充电电流，并利用通信电路传输给充电机，充电机得到指令数据后，为蓄电池包提供其所需要的充电电流。

（3）在放电环节，BMS可利用通信电路判断车辆是否已经起动以及车辆当前的充电状态（即充电继电器是否处于吸合状态），若车辆处于充电状态，则不满足放电前提条件，BMS将控制切断放电继电器，不予放电。在放电过程中，BMS将实时监测高压回路是否处于正常接通状态，一旦出现高压维修开关拔出、熔断器开路等情况，将立即切断放电回路，同时，BMS也实时监测蓄电池自身健康状态，对出现温度异常、SOC过低、电芯电压差过大等情况的，BMS将及时限制蓄电池的放电电流，严重情况下直接控制停止蓄电池包对外供电。

（4）蓄电池的均衡管理的目的是缩小因生产工艺、运输储存以及电子元器件误差造成的电芯之间的不一致性，BMS可以控制电芯适当充/放电，进而缩小电芯之间的端电压或SOC差值。根据均衡策略，蓄电池均衡可分为能量耗散型（被动均衡）、能量转移型（主动均衡）以及补充充电型三种。

第一，能量耗散型，指将能量较高的电芯通过电阻分流，将多余能量以热量形式耗散，从而使电芯之间的能量基本一致，这种均衡方式适用于小容量、低串数的锂蓄电池组。被动均衡图例如图2-7、图2-8所示。

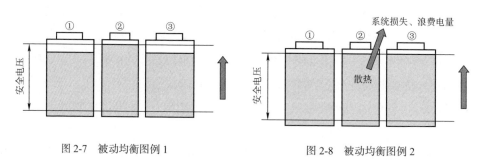

图2-7　被动均衡图例1　　　　　　　图2-8　被动均衡图例2

如图2-5所示,充电过程中,2号蓄电池先被充电至保护电压值,触发BMS的保护机制,停止向动力蓄电池充电,这样直接导致1号、3号蓄电池无法充满。整个系统的满充电量受到2号蓄电池的限制,导致形成了系统损失。为了增加蓄电池系统的电量,BMS会在充电时对动力蓄电池进行均衡。如图2-6所示,启动均衡后,BMS会对2号蓄电池进行放电,延迟其达到保护电压值的时间,这样1号、3号蓄电池的充电时间也相应延长,进而提升整个蓄电池系统的电量。但是,2号蓄电池放电电量100%被转换成热量释放,一定程度上造成了电量浪费。

第二,能量转移型,指通过控制策略,实现能量在不同电芯之间转移,达到电芯能量基本一致的目的,这种均衡方式能量损失较少,效率高,适用于高串数、大容量的锂蓄电池组。

主动均衡型图例如图2-9、图2-10所示,2号蓄电池将电量转移给1号蓄电池和3号蓄电池。通过电荷转移,使充电时3个蓄电池的电压始终保持在均衡状态下,确保所有蓄电池都能充满。在放电时,1号、3号蓄电池可以将电量转移给2号蓄电池,3个蓄电池的电压处在均衡状态下放电,确保所有蓄电池电量都能用完。

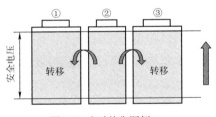

图2-9 主动均衡图例1

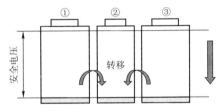

图2-10 主动均衡图例2

第三,补充充电型,指利用外部电源对电量较低的电芯进行针对性补电,促使整体电芯能量水平达到基本一致。通常,能量耗散型均衡和能量转移型均衡可在充电或者车辆运行过程中进行,在这两种均衡方式无法达到均衡效果时,可通过故障诊断分析后,对特定的单体蓄电池进行针对性均衡。

(5)信息管理方面,BMS负责协调内部各功能模块之间通信以及同整车控制器之间的通信,并对动力蓄电池的运行数据进行筛选处理和存储。

(6)热管理方面,BMS可根据环境温度以及动力蓄电池自身温度情况,通过内部集成的蓄电池热管理系统,实现对蓄电池包进行主动散热或者加热,确保动力蓄电池尽可能工作在合适温度区间。

2. 结构类型

BMS硬件结构包括蓄电池监测回路（Battery Monitoring Circuit，BMC）、蓄电池组控制单元（Battery Control Unit，BCU）两部分，其中，BMC主要负责采集电芯的温度、电压、电流，对蓄电池箱体的一致性进行判断，并完成不一致性电芯的均衡；BCU负责收集BMC的数据，处理BMC发送过来的故障信息，负责蓄电池充放电控制以及同整车控制器的通信等。

根据BMC、BCU布置位置，BMS分为集中式和分布式两种。集中式指将BMC与BCU集成布置在一块电路板上，这种结构较紧凑，一般适用于蓄电池容量不高、总电压低、蓄电池系统体积小的动力蓄电池系统。分布式指BMC与BCU分开布置，信息采集与信息控制计算两种功能分离，总体结构相对于集中式较为简洁，每个BMC电路板负责电芯电压、电流和温度的采集，之后集中对接到一个BCU上。

三、驱动电机系统

驱动电机系统包括驱动电机、电机控制器及制动能量回收系统等。

1. 驱动电机

驱动电机主要有直流电机、交流异步电机、永磁同步电机和开关磁阻电机。

1）直流电机

直流电机结构相对简单，核心部件包括磁极、电枢绕组、电刷、换向片等，根据励磁方式不同，直流电机可分为励磁绕组式和永磁体式，虽然励磁方式不同，但原理上都是利用转子电枢绕组中通电流后在磁场中切割磁力线而产生转矩，通过电刷转换电枢绕组中的电流方向，使得电枢旋转不断产生同方向的转矩。直流电机由于有换向器和电刷需要定期维护等缺点，目前直接应用于驱动纯电动汽车的比较少。

2）交流异步电机

交流异步电机部件包括定子铁芯、定子绕组、转子铁芯、转子绕组（或笼型）、转轴等。根据转子结构的不同，交流异步电机可分为绕线转子和笼型两种。其原理为在定子绕组内通入对称的三相交流电，进而在定子和转子之间的气隙内产生恒速旋转磁场，转子绕组在切割定子旋转磁场时产生了感应电动势，从而在闭合回路中产生感应电流，进而使转子导体受到电磁力作用，形成电磁转矩。其特点是转子转速与定子产生的旋转磁场的转速存在相对运动，转子转动的方向与旋转磁场的方向相同，旋转磁场方向发生变化时转子转动的方向也随之变换。由于结构简单无换向器、成本低、运行可靠，交流异步电机在纯电动汽车上应用较广泛，不足的是其功率密度低、控制复杂、调速范围小。

3）永磁同步电机

永磁同步电机由定子铁芯、定子绕组、转子铁芯、永磁体、端盖、绝对位置传感器等组成。其与交流异步电机的差异体现在转子结构上，其定子结构与常规电励磁交流电机相似。根据永磁体在转子铁芯中的不同布置位置，可以将永磁同步电机分为表面式和内置式，其中内置式相对于外置式应用更广泛。永磁同步电机的原理是首先在定子绕组内施加对称的三相交流电，产生旋转磁场，转子上因为嵌入有永磁体，因此无励磁绕组，直接采用永磁体即可建立主磁场，主磁场与定子产生的旋转磁场相互作用，产生了驱动转矩。相比于异步电机，永磁同步电机虽然成本高，但是，其凭借体积小、质量小、功率密度大、可靠性高、调速精度高、响应速度快、工作效率高等优点，在纯电动汽车领域特别是纯电动乘用车上得到了广泛应用。

4）开关磁阻电机

开关磁阻电机与同步电机和交流异步电机原理不同，其根据磁阻最小原理（也就是磁通总是沿磁阻最小的路径闭合），利用齿极间的吸引力拉动转子旋转。开关磁阻电机具有价格低、电路简单可靠、调速范围宽等优点，不足的是其存在振动、噪声大、控制系统复杂，且对直流电源会产生很大的脉冲电流等。目前，开关磁阻电机在乘用车和大客车上均有应用。

2. 电机控制器

电机控制器是控制动力蓄电池与驱动电机之间能量传输的装置，其关键零部件包括半导体功率器件、直流支撑电容、散热结构、驱动与控制电路板、电流电压传感器以及滤波器等，其内部电路包括控制信号接口电路、控制电路和驱动电路等，电机控制器功能图如图2-11所示。电机控制器从整车控制器输出的指令中获取动力需求，从动力蓄电池中获取直流电源。动力需求指令通过控制电路和驱动控制电路后,将指令信号转换为可以使电力电子器件快速开通或者关断的信号,结合DC/AC变换器,实现按需为驱动电机提供交流电的功能。

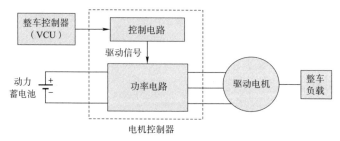

图2-11 电机控制器功能图

电机控制器在纯电动汽车应用早期是一个独立部件,随着纯电动汽车技术的发展,电机控制器同其他电力电子控制器进行功能集成成为发展趋势,目前已有电机控制器与驱动电机"二合一集成"、电机控制器与驱动电机及减速器的"三合一集成"以及电机控制器与DC/DC变换器、DC/AC变换器、高压配电盒、车载充电机等其他电控部件形成"多合一集成"组件,集成后的系统功率密度提高且成本得到了大幅优化。

第三节 纯电动汽车辅助电气系统

一、充电机及充电插孔

1. 充电机

充电机指控制和调整蓄电池充电的电能装换装置,充电机可分为车载充电机和非车载充电机,其中车载充电机(on-board charger)是指固定安装在车上的充电机,而非车载充电机(off-board charger)是指所有部件均不安装在车上的充电机。

车载充电机的功能是将交流或者直流输入电调整为校准后的电压/电流,实现为纯电动汽车的动力蓄电池充电或者为车载电气设备进行供电的功能。对于输入为交流市电的,充电机内部需要将交流电进行整流滤波,得到一个直流电压,再经过DC/DC变换器的二次整流滤波后,将电能传送给动力蓄电池组,在这个过程中，还需要将BMS传递出的蓄电池组端压、单体蓄电池电压、电流等参数作为控制电路的输入，结合控制策略和控制器处理后，产生DC/DC变换器的控制信号。

因此，车载充电机系统可分两个部分，即功率电路和控制电路。功率电路包括变压器和功率管组成的DC/DC变换器等。控制电路的核心是控制器，用来实现与BMS的CAN通信，并控制功率电路为蓄电池组充电，从而确保在充电正式开始时，BMS对蓄电池的状态采集及分析情况能够正常反馈给充电机系统，针对性反馈合适的充电策略。

除车载充电机（移动式）外还有非车载充电机（固定式充电机），其功能类似于传统燃油汽车使用的加油站，其原理同车载式充电机基本相同。车载充电机由于是固定安装在纯电动汽车上的，因此，可以在住宅、车库等场合对纯电动汽车进行充电，不足的是车载充电机整体功率相对于非车载充电机要小，因此，充电所需要的时间较长，目前，纯电动乘用车多装载有车载充电机系统，而商用车则采用外接充电桩的方式进行充电。

2. 充电插孔

按照输入端电压类型，纯电动汽车充电包括交流充电和直流充电，即慢充和快充。对装载有车载充电机的纯电动汽车，其在交流充电模式下，交流电通过标准充电插头和充电插座，进入车载充电机，车载充电机进一步把交流电转化为直流电后对动力蓄电池进行充电，完成交流充电流程。根据《电动汽车传导充电用连接装置 第2部分：交流充电接口》（GB/T 20234.2），车辆/供电插头触头共设置7个接口，包括：

（1）L1（交流电源单相或者交流电源三相）。

（2）L2（交流电源三相）。

（3）L3（交流电源三相）。

（4）N（中线单相或中线三相）。

（5）PE（保护搭铁，连接供电设备地线和车辆电平台）。

（6）CC（连接确认功能）。

（7）CP（控制引导功能）。

交流充电插头如图2-12所示。

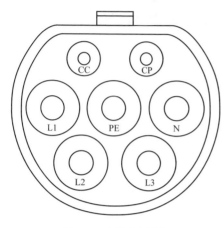

图2-12 交流充电插头

直流充电模式下,直流充电桩将380V交流三相电转化为直流电,通过标准直流充电插头和充电插座输送给车辆,对车辆动力蓄电池进行充电。根据《电动汽车传导充电用连接装置 第3部分:直流充电接口》(GB/T 20234.3—2015),车辆/供电插头触头共设置9个接口,包括:

(1)DC+(直流电源正极,连接直流电源正与蓄电池正极)。

(2)DC-(直流电源负极,连接直流电源负与蓄电池负极)。

(3)PE(保护搭铁,连接供电设备地线和车辆电平台)。

(4)CC1(充电连接确认)。

(5)CC2(充电连接确认)。

(6)S+(充电通信CAN_H,连接非车载充电机与纯电动汽车的通信线)。

(7)S-(充电通信CAN_L,连接非车载充电机与纯电动汽车的通信线)。

(8)A+(低压辅助电源正极,连接非车载充电机为纯电动汽车提供的低压辅助电源)。

(9)A-(低压辅助电源负极,连接非车载充电机为纯电动汽车提供的低压辅助电源)。

直流充电插头如图2-13所示。

3. 充电原理

GB/T 18487规定了4种充电模式(见表2-2)、3种充电连接方式(见表2-3),两者组合后的常见充电连接类型包括4种(见表2-4)。

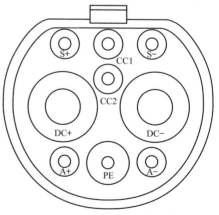

图2-13 直流充电插头

充电模式 表2-2

充电类型	模式	额定电压/电流	是否可与车辆通信	连接
交流	1	AC220V/16A	否	插座
交流	2	AC220V/8~16A	IC-CPD	插座
交流	3	AC220V/16~32A	是	交流充电桩
		AC380V/16~63A		
直流	4	AC380V/30~300A	是	直流充电桩

注：1. 模式1由于无法与纯电动汽车通信，因此，不允许在纯电动汽车上使用。
2. IC-CPD是指缆上控制与保护装置，英文为 In-Cable Control and Protection Device，在充电模式2下连接纯电动汽车的一组部件或元件，包括功能盒、电缆、供电插头和车辆插座，执行控制功能和安全功能。
3. 对于交流充电电流大于16A的，GB/T 18487要求供电接口和车辆接口应具有锁止功能，供电插座和车辆插座应安装电子锁止装置，防止充电过程中意外断开，当电子锁未可靠锁止时，供电设备或者纯电动汽车应停止充电或者不启动充电。
4. 对于直流充电的车辆接口，应在车辆插头上同时安装机械锁止装置和电子锁止装置，防止车辆接口带载分断，且在电子锁处于锁止位置时，机械锁无法操作。当机械锁或者电子锁未可靠锁止时，供电设备或者纯电动汽车应停止充电或者不启动充电。

连 接 方 式 表2-3

方式	主要特征	图例
A	1）充电电缆和供电插头是纯电动汽车的固定组成部分，不可拆卸 2）应用较少	连接方式A 供电插头 供电插座 电缆组件 动力蓄电池
B	1）充电电缆、供电插头和供电插座既不属于车辆，也不属于供电设备，是独立活动的电缆组件，可拆卸 2）应用较多	连接方式B 供电插头 供电插座 电缆组件 车辆插头 车辆插座 动力蓄电池
C	1）充电电缆和车辆插头是供电设备的固定组成部分，不可拆卸 2）应用较多	连接方式C 电缆组件 车辆插头 车辆插座 动力蓄电池

充电模式和连接方式的常见组合类型　　　　表2-4

组合形式	AC/DC	特　点
充2连B	AC	使用家用电,220V 单相交流供电,充电电缆随车配置
充3连A	AC	使用固定交流充电桩,220V 单相交流供电;充电电缆随车配置
充3连B	AC	使用固定交流充电桩,220V 单相交流供电;充电电缆随车配置
充3连C	AC	使用固定交流充电桩,380V 三相交流供电;充电电缆固定在充电桩上
充4连C	DC	使用固定直流充电桩;充电电缆固定在充电桩上

1)交流充电连接控制原理

以充电模式3连接方式B为例,其控制导引电路如图2-14所示,这种组合包括的主要部件为剩余电流保护装置、供电控制装置、车载充电机、电阻R_1、R_2、R_3、R_4及RC,供电回路接触器K_1、K_2,开关S_1、S_2、S_3。充电过程如下。

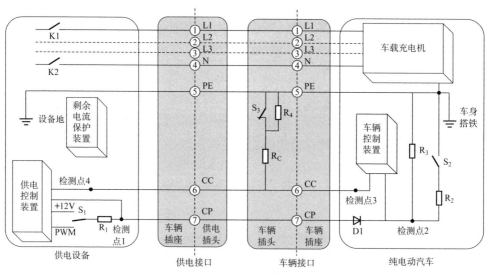

图2-14　交流充电控制引导电路

(1)通过检测点3的电阻值监测,实现连接确认和电缆容量判断。

常规状态下,机械锁常闭,当按下机械开关,促使S_3断开,插入后车辆插座后,该机械锁又闭合,这一开一关的动作变化会反映到电路中检测点3与PE之间的电阻值参数变化,通过该参数大小变化可判断车辆插头和车辆插座之间是否连接完全,具体参数变化与对应判断结果如下:

①车辆插头未插入，S_3常闭，车辆接口的左右两部分未接通，CC处于断开状态，此时检测点3与PE之间的电阻值为无限大，对应判断结果为"未连接"。

②车辆插头插入，S_3断开（此时未松开枪头的机械按钮，R_4接入），车辆接口的左右两部分接通，CC处于接通状态，此时检测点3与PE的电阻值为R_C+R_4，对应判断结果为"半连接"。

③车辆插头插入，S_3闭合（此时松开枪头的机械按钮，R_4被短路），车辆接口的左右两部分接通，CC处于接通状态，此时检测点3与PE之间的电阻值为R_C，对应判断结果为"完全连接"。

另外，根据监测点3与PE之间的电阻值参数变化，也可判断接入的充电电缆的额定容量大小，监测得到的电缆容量与电阻对应关系见表2-5，进一步地，为确定充电电流大小提供依据，以确保最终供给的充电电流大小不超过电缆可承受的载流能力。

电缆容量与电阻对应关系 表2-5

额定容量（A）	R_C（Ω），0.5W	R_4（Ω），0.5W
10	1500	1800
16	680	2700
32	220	3300
63	100	3300

（2）通过检测点1或者检测点4的电压监测，能实现对供电接口位置插头和插座是否完全连接进行确认，检测点2通过监测PWM的占空比，判断供电设备充电电流大小。具体过程如下：

在充电连接装置未连接的情况下，检测点1位置的电压为12V；上述车辆接口部位完成一系列动作并确认连接完成后，充电桩将开关S_1从12V连接状态切换到PWM状态，并等待车辆控制装置闭合开关S_2，此时检测点1由于有了R_3的参与，检测得到峰值电压变为9V，检测点2则可以根据PWM的占空比来判断供电设备的最大充电电流；当车辆侧开关S_2闭合（闭合前，车载充电机完成自检，且动力蓄电池允许充电）时，R_2参与进来，代表车辆已经充电准备就绪，检测点1的电压峰值进一步变为6V，此时说明供电设备和车辆端的车载充电机等工作正常。

此后，充电桩闭合接触器K_1、K_2，使交流回路导通，充电开始，充电最终提供的充电电流，是在结合供电设备最大供电电流能力、电缆最大允许电流能力以及BMS对蓄电池进行检测判断得到的充电需求后给出的合理值。

2）直流充电连接控制原理

以充电模式4连接方式C为例，其控制引导电路如图2-15所示，这种组合包括的主要部件为非车载充电机控制器、电阻R_1、R_2、R_3、R_4、R_5，开关S，供电回路接触器K_1、K_2，低压辅助供电回路接触器K_3、K_4，充电回路接触器K_5、K_6，充电过程如下：

（1）连接确认。通过检测点1电压变化，可知非车载充电机控制器充电插头与车辆插座是否连接完好，此种模式与交流充电控制导引电路类似，外部动作为按下充电枪的机械按键，插入车辆插座，再松开枪头按键，对应连接状态变化为未连接、半连接和完全连接，对应到检测点1电压变化为12V、6V、4V，当检测点1检测到4V电压时，说明充电插头与车辆插座已完全插好，此时锁闭电子锁。

充电机闭合接触器K_3、K_4使低压辅助供电回路导通，为车辆控制装置提供低压电源，车辆控制装置通过监测检测点2的电压变化，判断车辆插头与车辆插座是否连接完好，当检测点2检测到6V电压时，确认此时已完全连接，并开始向非车载充电机控制器周期性发送通信握手报文。

（2）充电机自检。在确认车辆插头和车辆插座连接完全后，非车载充电机控制器闭合接触器K_1、K_2，充电机通过IMD对直流线路进行绝缘电阻检测，绝缘检测结束后，再以物理方式使IMD从强电回路中分离，并投入泄放回路进行泄放，泄放完毕后，再断开K_1、K_2，并开始向车辆控制器周期性发送通信握手报文。

（3）充电准备就绪。完成上述动作后，车辆与充电机进行相互配置，车辆控制K_5、K_6闭合，使充电回路导通，充电机首先检测车辆端蓄电池电压正常（即电压值在充电桩工作电压范围内）后闭合K_1、K_2，使直流充电回路导通，车辆即开始充电。

（4）充电阶段。进入充电阶段后，车辆实时向充电机发送蓄电池充电需求参数，充电机则根据蓄电池实际需求，实时调整充电电压和电流，两者之间相互发送各自状态信息，车辆在充电过程中应能检测PE针是否断线，同时负责整个系统的绝缘检测。

（5）充电完毕。任何一方在发现需要终止充电的时候，都会向对方发送终止充电报文，此后，在确认充电电流小于5A后，分别由车辆控制装置断开K_5、K_6，由充电机断开K_1、K_2，并再次投入泄放回路，然后再断开K_3、K_4，解锁电子锁。

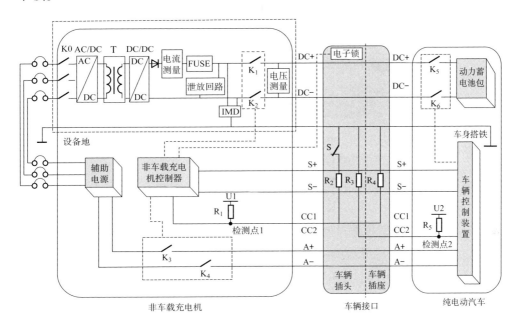

图2-15 直流充电控制导引电路

二、高压配电系统

高压配电系统的功能是实现整车各个高压部件电能管理与分配，并能可靠地接通及断开高压电路，同时能够为高压回路提供过载及短路保护，实现整车高压电气系统的安全高效运行，系统主要组成部件包括高压继电器（接触器）、高压熔断器、功率铜排、高压线束连接组件等。纯电动汽车设置高压配电系统的目的是简化高压电气连接电路，优化电路空间布局，便于部件安装以及维护修理工作。图2-16所示为某款纯电动乘用车的高压配电系统，其分别设置了一个入口，四个出口，动力蓄电池直流电从左侧进入到配电箱体，经过内部的三个电阻丝，此后从配电箱出来连接四个连接口，分别连接车载充电机与DC/DC变换器

（两者集成）、电动空调压缩机、PTC加热器以及驱动电机与电机控制器（两者集成）。

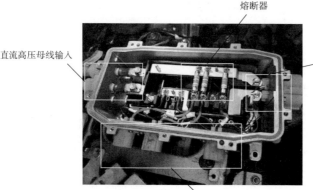

图2-16 某款纯电动乘用车的高压配电系统

三、电源变换器及逆变器

变换器是使电气系统的一个或多个特性（电压、电流、波形、相数、频率）发生变化的装置。逆变器是将直流电转换为交流电的变换器。

变换器包括DC/DC变换器（也称直流电源变换器）、DC/AC变换器（多用在商用车上的辅助电动机用车载逆变器）、AC/DC变换器等。其中DC/DC变换器与传统燃油汽车的发电机作用相似，在纯电动汽车中，负责将动力蓄电池的高电压转换为低电压，为整车附属用电设备（车灯、仪表灯）提供电能。DC/DC变换器可分为隔离式和非隔离式两种。与非隔离式相比，隔离式DC/DC变换器可以将供电部分与电能输出部分隔离开来，提高了系统的安全性，由于乘客和维修人员可能会接触到低压用电设备，因此，车载DC/DC变换器基本都采用隔离型。DC/DC变换器在整个行程过程中一直处于工作状态，向各非动力单元车载用电设备直接或者间接供电，这些用电设备包括行车ECU、车载多媒体、前照灯、刮水器等。

除了DC/DC变换器，纯电动汽车上还设置有DC/AC（或者AC/DC）变换器，由纯电动汽车的电气系统结构可知，纯电动商用车与纯电动乘用车在辅助电气系统设置上存在差异，对纯电动商用车（如客车）来说，DC/AC变换器可以分为主驱动DC/AC变换器、气泵DC/AC变换器和油泵DC/AC变换器；对于纯电动乘用车来说，则主要包括主驱动电机DC/AC变换器、车载充电AC/DC变换器等。图2-17所示为纯电动商用车和纯电动乘用车变换器及逆变器部件组成对比。

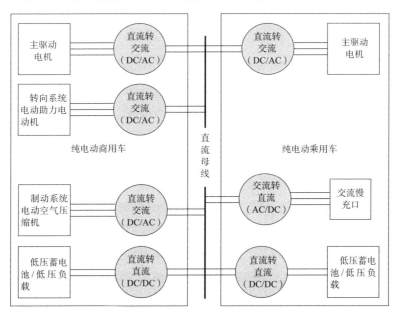

图2-17　纯电动商用车和纯电动乘用车变换器及逆变器部件组成对比

电气系统集成分布类型主要有两种，一种是集中式布置形式，即将纯电动汽车的电机控制器、辅助电动机用逆变器（包括电动空气压缩机电动机和转向电动机使用的逆变器）、DC/DC变换器等高压控制变换模块集成在一起组成集成控制器；一种是分布式布置形式，即将高压变换控制模块同各自负载进行集成后分散布置。

四、转向系统

传统燃油汽车转向系统与纯电动汽车转向系统的差异主要体现在助力转向部分。汽车助力转向系统类型包括机械式助力转向、液压助力转向（Hydraulic Power Steering，HPS）、电动动力转向（Electrical Power Steering，EPS）和电动液压助力转向（Electro-Hydraulic Power Steering，EHPS）等，传统燃油汽车通常采用液压助力转向，需配套液压泵、传动带、传动带轮、液压软管等，其中液压泵由发动机直接带动。纯电动汽车上没有发动机，而是由电机代替发动机功能，因此，通常采用EPS或者EHPS。

1. EPS

EPS多数应用在纯电动乘用车上，按照助力电机在转向系统中布置位置不同分为三类：将助力电机及减速装置配置在转向柱上的转向柱助力型（Column-EPS，C-EPS）、将助力电机及减速装置配置在小齿轮上的小齿轮助力型（Pinion-EPS，P-EPS）以及将助力电机及减速装置配置在齿条上的齿条助力型（Rack-EPS，R-EPS）。其中，R-EPS助力转矩最大、助力反应最迅速，操纵感更强，通常应用在大型车辆上，而C-EPS和P-EPS多数应用在小型车辆上。相对于HPS，EPS有很多优势：一是操纵稳定性好，兼顾了低速轻便性和高速稳定性；二是HPS在车辆无转向时，其液压泵也一直在工作，而EPS只在转向时才提供助力，因此，一定程度上节省了燃油损耗；三是取消了液压泵、传动带、传动带轮、液压软管、液压油及密封件等液压回路相关零部件，结构紧凑，便于安装和装配，无渗油问题，维修成本降低，且减少了对环境的污染；四是具有自我诊断功能，便于维修；五是在不改变系统结构的情况下，可以通过改变系统的控制策略、编程来实现，满足不同车型和不同驾驶感觉的需要。

2. EHPS

EHPS系统主要应用于纯电动客车和载荷较大的纯电动乘用车，EHPS结构主要有转向器、转向油罐等传统HPS所用零部件，以及电动转向油泵、转向控制器等电动零部件。通常情况下，EHPS将液压助力转向与电动助力转向进行匹配集成。

受到机械强度限制，EPS的助力力矩相对较小，C-EPS和P-EPS一般最大只能产生约8kN左右的输出力矩，最大输出力矩不及EHPS。

五、制动系统

和传统燃油汽车相比，纯电动汽车在行车制动方面的差异体现在两个方面：第一，真空助力模式下真空源获取途径发生变化。对于采用液压制动系统的纯电动汽车，其液压制动系统结构与传统燃油汽车基本结构区别不大，主要区别是用电动真空泵（Electric Vacuum Pump，EVP）替代传统发动机进气歧管的真空源，与真空助力器组成电动真空助力系统，完成助力任务。该系统具体部件包括真空泵、真空罐、真空泵控制器（可集成到整车控制器上）以及与传统燃油汽车上相同的真空助力器、12V电源等。目前也有采用电动助力器代替真空泵和真空助力器，彻底取消真空源助力的模式，该模式由电动助力器和后续的液压系统配合完成行车制动功能。第二，气压制动模式下的空气压缩机动力源发生变化。传统燃油汽车由发动机通过齿轮传动来驱动空气压缩机，空气压缩机产生的高压压缩空气用于驱动气动执行元件，使整车制动或停车。纯电动汽车（如纯电动城市客车）取消了发动机，由动力蓄电池供能给电动机来驱动空气压缩机，因此，其相关部件具备高电压。某款纯电动乘用车制动系统如图2-18所示。

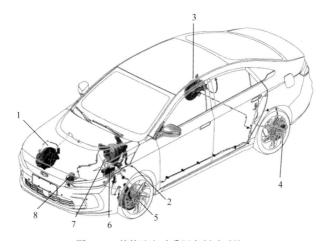

图 2-18　某款纯电动乘用车制动系统

1- 右前制动器总成；2- 制动踏板；3- 右后制动器总成；4- 左后制动器总成；5- 左前制动器总成；6-ESC控制器总成；7- 真空助力器总成；8- 电动真空泵

针对上述两个方面的变化，下面分别介绍电动空气压缩机及电动助力系统。

1. 电动空气压缩机

电动空气压缩机系统主要包括电动空气压缩机本体、控制器（变频器）、气压传感器、电气线路、储气罐、管路、分配阀、干燥器以及冷凝器等。电动空气压缩机利用纯电动汽车动力电源，将电能转换成气体压力能，为整车提供压缩气源，是整车压缩空气的气压产生源装置，主要由打气泵和电动机集成。控制器控制电机按照整车要求进行打气，将高压压缩空气储存到储气罐以供整车备用，使打气泵的排气量和用户用气量保持供需平衡，实现恒压供气、按需制气，减少了能源损耗。传统内燃机汽车采用有油活塞式空气压缩机，由发动机驱动，具有带载起动能力强、干燥性能好、因发动机预热温度高不产生油乳化现象等特点。这种空气压缩机靠发动机润滑油进行统一集中润滑、冷却，大多数采用卸荷式控制方式，能耗相对较高。纯电动汽车采用的电动空气压缩机由独立电机及对应控制器驱动，其工况不同于传统内燃机汽车的空气压缩机，主要表现为工作环境温度相对较低、间歇性起动等特征。目前，多数纯电动客车仍然采用有油活塞式空气压缩机，由驱动电机带动，并通过内部的曲轴带动齿轮泵进行润滑、冷却，因此，这种空气压缩机需要定期更换润滑油，后续维护工作相对烦琐。未来将逐步采用无油活塞式电动空气压缩机，这种空气压缩机通常可免维护，且不会像有油活塞式空气压缩机那样在工作过程中将油气带入压缩环境，同时，无油活塞式电动空气压缩机自身润滑依靠免维护的润滑脂，冷却主要采用风冷的方式，维护成本相对较低，操作相对简单方便。

除上述活塞式空气压缩机之外，常见空气压缩机还包括单螺杆空气压缩机和滑片式空气压缩机。其中，活塞式空气压缩机多在工业现场使用，其噪声大，已不再使用在对舒适性要求较高的汽车上。目前在市场上应用较多的是单螺杆空气压缩机和滑片式空气压缩机，且滑片式空气压缩机的可靠性要大大高于螺杆式空气压缩机，由于滑片式空气压缩机结构简单，维修费用低廉，维修方便，其应用范围比螺杆式空气压缩机要广。

2. 电动助力系统

电动助力系统通常包括电控液压制动（Electronic Hydraulic Brake，EHB）系统、电动机械制动（Electro-Mechanical Brake，EMB）系统，两者也统一称为线控制动（Brake by Wire，BBW）系统。

（1）EHB系统。EHB系统包括制动操作单元、压力控制单元、电子控制单元与传感器单元四部分，这类系统具有一定的失效备份功能，当系统失效时，驾驶员踩下踏板也可将制动力传递到制动器，完成制动过程。不足的是采用EHB系统的纯电动汽车存在因漏液而短路的安全隐患。

（2）EMB系统。相比于EHB系统，EMB系统通常被称为纯粹的线控系统，其在原理上克服了传统EHB系统的大部分缺点，取消了传统液压制动系统中的机械式传力机构和真空助力系统，采用踏板模拟器代替，改善了系统的故障诊断能力，减少了维护工作量；具有制动响应时间迅速、制动距离短、集成度高的特点；无液压制动管路，因此无漏液，无液压系统污染问题；属于完全解耦的制动系统，可以同再生制动系统（制动能量回收系统）进行有效匹配。不足的是这种系统没有制动失效备份，对可靠性要求高，系统必须布置在轮毂中，因此，对电机功率要求高，且工作环境恶劣，面临散热挑战。

在汽车智能化和低碳化发展的大趋势下，结合线控技术和制动能量回收的发展，电动助力制动系统的发展正在向集成化、智能化和低碳化发展，是汽车智能化发展过程中的一种重要选择。纯电动汽车电动助力制动系统由于采用电机或液压进行助力，且有独立的ECU及控制系统，因此系统可以实现主动制动，具备更快的响应速度和更精确的制动压力控制，可作为自适应巡航控制（Adaptive Cruise Control，ACC）系统、自动紧急制动（Autonomous Emergency Brake，AEB）系统等汽车智能辅助驾驶的重要底层执行器，是汽车智能化技术的基础，对于自动驾驶技术发展具有积极意义。

除上述两个方面的差异外，纯电动汽车还设计有再生制动系统（或称制动能量回收系统），是指在汽车滑行、减速或下坡时，将车辆行驶过程中的动能及势能转化或部分转化为车载可充电储能系统的能量存储起来的制动过程。

该系统由能量转换装置、能量储存装置以及控制部分组成。其中能量转换装置采用集成电机或者轮毂电机。电机同时承担发电机（再生制动电机）和电动机（驱动电机）的功能。与传统燃油汽车上的单一液压制动力相比，电动汽车可通过电机来提供额外的制动力。当电动汽车正常行驶时，电机的功能是将电能转化为旋转的机械能，其发生过程是：当电机接通交流电源后，产生了交变的电流，交变的电流又进一步产生了交变的磁场，由于电机的绕组是按照一定角度布置的，因此，总体产生了一个圆形旋转磁场。该圆形旋转磁场切割了空间内的磁力线，使导体两端感应出电动势，进而在导体和连接部件构成的回路中形成了电流，使得该载流导体在磁场中受力，促使电机转子旋转。

当发生制动时，整车控制不再为电机提供交流电，此时电机受惯性转动作用，通过电路切换，向转子中提供功率较小的励磁电源产生磁场，磁场通过转子的物理旋转，切割定子绕组，在电子绕组上产生逆电动势，再通过功率变换作用，将电能储存到电池中。

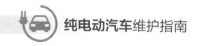

可见，当纯电动汽车制动时，通过控制可将车辆电机以发电机模式运行，一方面可以提供制动力，另一方面可将车辆的部分动能转化为电能，转化的电能存储在储能装置中，从而增加电动汽车的行驶里程。

六、空调系统

纯电动汽车空调系统的制冷原理与传统燃油汽车空调系统相同，均采用热泵技术原理，即通过压缩机对制冷剂进行做功，搬走车内的热量从而降低温度，两者的主要区别在于动力源及制热环节两个方面。

（1）在动力源方面，传统燃油汽车使用发动机直接驱动空调压缩机，发动机与空调压缩机之间属于机械连接，而纯电动汽车的压缩机由电动机进行驱动，需要从动力蓄电池取电，两者之间属于电气连接。传统燃油汽车空调系统运行期间，车辆在停驶状态下发动机不能停止运行，而纯电动汽车空调系统工作期间的能量获取不受车辆状态影响。相关资料表明，在炎热夏季，由电动机驱动的空调装置所消耗的能量要比传统燃油汽车空调装置消耗的能量减少约20%。

（2）在制热方面，传统燃油汽车空调系统的制热不通过压缩机来实现，而是利用了发动机冷却液的热量（正常工作发动机冷却液温度可达90℃左右），冷却液流经暖风系统中的热交换器（散热器，俗称水箱），将鼓风机输送进来的空气与发动机冷却液进行热交换，空气被加热后送入车内实现暖风供应。纯电动汽车没有发动机的余热可以利用，需要采用热泵型空调或者辅助加热器。因此，可将纯电动汽车的空调制热方式分为两类：一类是PTC热敏电阻加热（绝大多数车型采用），一类是采用热泵原理进行加热（少量车型采用）。

以纯电动客车空调系统为例，其结构通常包括外机室、机械室和内机室。外机室由室外风机和空气源侧换热器组成。机械室由压缩机、换向阀、电子膨胀阀、储液器、气液分离器和干燥过滤器等组成，受限于电动客车的高度要求，机械室内的部件基本上为卧式结构，比如空调压缩机一般采用卧式涡旋式压缩机。内机室由室内风机、室内换热器和PTC电加热器等组成，当热泵提供的热量不足时，PTC电加热器可辅助提升出风温度。纯电动乘用车空调系统结构与纯电动客车大同小异，各厂家除在部件名称上存在差异外，同纯电动客车结构基本类似。图2-19列举了某款纯电动乘用车空调系统结构部件。

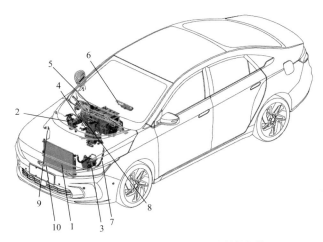

图 2-19 某款纯电动乘用车空调系统结构部件

1- 冷凝器；2- 热交换器；3- 电动压缩机；4-PTC 电加热器；5- 空调主机；6- 空调控制面板；7- 空调低压管总成；8- 空调高低压管；9- 空调高压管；10- 室外温度传感器

七、冷却系统

冷却系统是纯电动汽车热管理系统的组成部分，与传统燃油汽车相比，两者存在较大差异。一是冷却对象不同，传统燃油汽车的冷却对象为发动机，而纯电动汽车的冷却对象为动力蓄电池、驱动电机系统等电气系统。二是冷却系统结构不同，燃油汽车中一般只有一套冷却系统，采用一个水泵，而纯电动汽车冷却系统一般为两套（或两套集成），一套对蓄电池及其管理系统进行冷却，一套对电动机及其驱动装置进行冷却，因此通常布置有两个水泵。同时，纯电动汽车的冷却系统通常需要空调系统参与，在结构功能上往往同空调系统相互匹配，而传统燃油汽车的空调系统在结构上相对独立。三是冷却液不同，燃油汽车上水泵使用的冷却液有乙二醇或丙二醇（多数使用乙二醇），而纯电动汽车采用的冷却液需要同时考虑防腐蚀和高压隔离，一般将冷却液和去离子水按1∶1比例配置的混合液作为纯电动汽车冷却系统水泵中的工作介质。

纯电动汽车冷却系统主要包括驱动电机冷却系统和动力蓄电池冷却系统。

1. 驱动电机冷却系统

传统燃油汽车内燃机正常工作冷却液温度为80~95℃，冷却系统需要通过节

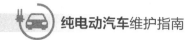

温器来调节冷却液温度。驱动电机系统通常要求冷却液温度≤60℃，且越接近室温，驱动电机系统效率越高，通常情况下，纯电动汽车的运行环境温度可达到70℃以上。这是因为驱动电机运行过程中会产生损耗，不仅引起驱动电机内部温度升高，也使驱动电机的工作效率降低。具体来看，驱动电机热来源通常包括铁损、铜损、永磁损耗和机械损耗，铁损由转子和定子铁芯损耗组成，是指铁芯对磁通具有磁阻而产生热量损耗；铜损指电动机的铜材部分（即线圈部分）因电阻发热而造成的热量损耗；永磁损耗是指电动机磁性材料在磁化或反磁化过程中，外界对其所做的功转换产生的热量损耗。机械损失包括轴承摩擦损失和空气磨损引起的空气和转子表面之间的摩擦损失。上述电动机热损耗中，铁损和铜损的占比较高。

因此，纯电动汽车驱动电机系统通常需要专门的冷却系统回路设计。目前所采用的冷却方式主要包括风冷、液冷和油冷。

从纯电动汽车自身特点来看，永磁同步电动机由于具有功率密度高、温升高等特点，对其采取的冷却方式通常包括液冷和油冷两种，而交流异步电动机则可采用风冷、液冷和油冷三种模式。对于采用液冷的，需要设置专门的冷却水道，该水道通常布置在机壳位置即可。对于采用油冷（即直接冷却技术）的，通常可进一步分为对定子绕组淋油冷却和对转子绕组淋油冷却两种。不同电动汽车驱动电机系统，有采用其中一种冷却方式的，也有采用两种冷却方案组合方式的。

综合对比来看，液冷效果较强制风冷效果明显改善，其相对冷却能力为强制风冷的20倍以上，典型液冷冷却系统设计回路如图2-20所示，冷却系统中的冷却液经过电动机散热器（出口接有温度传感器）、电子水泵、电机控制器、驱动电机，再回到电动机散热器，完成整个水路循环路径。其中，水路循环中的膨胀水箱起补液及除气功能，集成控制器或整车控制器根据冷却液温度信号和车速信号，控制散热器风扇和水泵的转速，集成控制器或整车控制器根据冷却液温度，实时调控散热器的风扇转速和电动冷却水泵的转速。

2. 动力蓄电池冷却系统

蓄电池温度过高或过低都会很大程度上影响蓄电池的性能以及循环寿命，其安全性和长周期下的性能必须得到保证，因此需要将动力蓄电池工作温度控制在适宜的温度区间（通常为20~40℃），单体蓄电池间温差需在控制在合理温度界线下（通常为5℃以下）。目前市场上使用的蓄电池类型虽有不同，但所使用的冷却方式基本都相同。常见的冷却方式包括自然冷却、风扇风冷（或蒸发器风冷）及液冷，三种冷却方式都是利用冷却介质流过或接触过热蓄电池的表面，利用温度差的热传递方式将热量带走，从而达到给蓄电池冷却降温的目的。

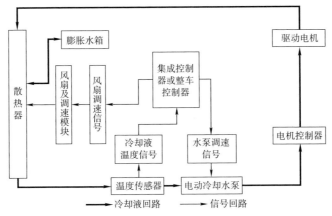

图2-20 典型液冷冷却系统设计回路

1）自然冷却（被动冷却）

自然冷却的原理是利用蓄电池系统、模组或蓄电池单体自身温度与周围环境之间的温差，通过空气介质的自然对流换热，将蓄电池系统内部产生的热量传递给周边环境中的空气，实现蓄电池单体、模组及蓄电池系统的降温。这种冷却方式具有效率较低、成本低、占用空间小等特点，需通过优化蓄电池模组及系统的结构设计，促进蓄电池热量从导热材料或金属板导到模组或蓄电池箱体上，进而通过空气对流，将热量散发出来。以锂离子蓄电池为例，不同类型的蓄电池单体通常采取不同的结构设计：

（1）圆柱形蓄电池有尺寸小、发热量不太大等特点，在蓄电池之间加导热材料将大大增加成本，一般只需将蓄电池固定，不填充导热材料。

（2）方形和软包蓄电池一般形状规整，体积较大，模组设计时，一般在蓄电池之间或蓄电池的底部，增加导热材料或导热铝板，便于内部热量导出，并通过模组和箱体将热量散发出来。

2）风冷（主动冷却）

风冷一般为风扇风冷或蒸发器风冷，是通过风扇或蒸发器将温度较低空气引入箱体内部（若蓄电池系统采用密封设计，则只能通过蒸发器来实现空气引入或者不引入外界空气）。风扇转动使空气以一定的流速穿过模组或蓄电池的外表面，将蓄电池产生的热量传递到周围环境中。现有风冷系统分为单独风扇风冷系统和蒸发器与风扇组合的风冷系统，其中蒸发器通过空调系统引入。

3）液冷（主动冷却）

液冷系统通常包括非独立式（图2-21）和独立式（图2-22）两种。非独立式液冷系统不需要单独的制冷系统，依靠空调系统分流一部分制冷剂对冷却液进行降温即可，这类系统通常设置两个蒸发器，其中一个在空调内部使用，用于给车厢内部进行降温，另外一个负责与蓄电池冷却液进行热交换，通过降低冷却液的温度来使蓄电池降温，两个蒸发器总成处于并联状态，二者共用一套压缩机、冷凝器、干燥器等部件。独立式液冷系统可看成是一套独立完整的制冷系统，与普通空调的一个较大的差别在于蒸发器的结构不同，普通空调蒸发器用于空调制冷剂与空气间的热交换，另一个蒸发器用于空调制冷剂与冷却液之间的热交换，这种特殊的热交换器一般采用套管式结构，换热管道分为两层，空调制冷剂在内层管道，冷却液在外层管道，两层管道之间分布有翅片以增加换热面积。

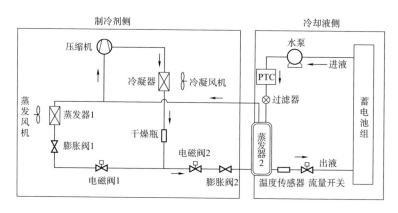

图 2-21 非独立式液冷系统

动力蓄电池系统内部液冷系统包括冷却液的进、出接口、冷却管、液冷板及冷却液等。其中液冷板的设计是液冷系统中最重要的环节，需要根据单体蓄电池的类型进行对应设计，以锂离子蓄电池为例，圆柱形蓄电池通常采用弯曲带状，方形或者软包蓄电池则采取板式结构。在蓄电池内部，通过液冷板中冷却液与蓄电池表面接触,将热量带到蓄电池系统的外部,在蓄电池外部,对冷却液做进一步的热交换处理,降低冷却液温度,从而达到给蓄电池冷却降温的目的。

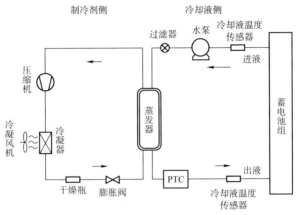

图 2-22 独立式液冷系统

八、电除霜

电除霜分为空调的电除霜和风窗玻璃除霜。

1. 空调的电除霜

换热器结霜是影响热泵空调冬季制热性能的重要因素。热泵循环空调系统在制热模式下,车外换热器作为蒸发器,壁面温度低于空气温度5~10℃,特别是低温高湿环境,换热器壁面很容易发生结霜现象。另一方面,车外换热器一般是平行流换热器,当换热器表面发生结霜后,会减小换热器的通风面积,因此通过换热器的风侧阻力增大,通风量减小,进而削弱换热效果。为解决该问题,首先,可采用制冷循环功能,对室外换热器进行加热,也就是室外换热器作为冷凝器(放热、液化),而室内换热器作为蒸发器(吸热、气化)。但是,这种除霜模式由于需要起动制冷循环,一定程度上影响了乘客舱乘坐体验,且除霜效率也有待进一步提升。第二,利用换热器表面霜层的形成机理,通过将换热器壁面做成疏水性的涂层,降低水滴在疏水涂层上的附着力,使得形成的水滴很容易被通过换热器的气流带走或者受自然重力流到换热器外,从而有效遏制换热器壁面霜层的形成。第三,加强日常维护管理,日常维护环节,关注换热器外表面清洁情况,及时清理杂物。

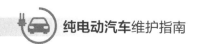

此外，目前市场上提供的纯电动客车空调，通常在环境温度低于0℃时会停止使用热泵运行模式，而是采用PTC热敏电阻加热，在这种情况下，由于没有采用热泵循环进行制热，空调系统的外部换热器通常就不会结霜，这种模式的不足是将耗费大量电能，会降低纯电动汽车的续航里程。

2. 风窗玻璃除霜

由于冬季驾驶纯电动汽车，其前风窗玻璃常因为环境温度较低容易出现结霜，往往会阻挡驾驶员的视线，影响安全驾驶。为避免结霜，通常借助除霜器产生的热量辐射到风窗玻璃上，达到除霜效果；也有在纯电动汽车上直接采用电加热前风窗玻璃产品，即在传统玻璃中夹入电导热丝，通电后导热丝发热，融化凝结在玻璃上的冰霜。

现行国家强制性标准《汽车风窗玻璃除霜和除雾系统的性能和试验方法》（GB 11555—2009）对风窗玻璃的除霜除雾性能及试验方法作了规定。针对纯电动汽车，有推荐性国家标准《电动汽车风窗玻璃除霜除雾系统的性能要求及试验方法》（GB/T 24552—2009），标准规定了电动汽车风窗玻璃除霜、除雾系统的性能要求及试验方法，该标准适用于除霜、除雾系统使用动力蓄电池作为动力源的M1类纯电动汽车。

在JT/T 1344—2020标准中，要求对除霜器的外表面进行检查，确保除霜器外观无尘土、杂物堵塞，各部件安装牢固，符合厂家规定要求。

九、高压电缆及连接器

高压电缆及连接器是纯电动汽车高压电气系统的重要组成部件，负责为纯电动汽车的可靠、安全运行提供保障，这些组件的可靠性问题将直接影响纯电动汽车整车的安全性。

1. 高压电缆

高压电缆可分为单芯电缆和多芯电缆，其截面为圆形，外表护套颜色为橙色，纯电动乘用车和纯电动商用车的高压电缆线束在电路数量、空间布置等方面存在差异。

（1）纯电动乘用车。以北汽新能源EV200为例，该车型将整车高压电缆分为5段，分别是动力蓄电池高压电缆、电机控制器电缆、快充线束、慢充线束以及高压附件线束。这些高压电缆线束在压接完成后，根据其在车辆上的布置位置以及使用工况，在其外表面使用橙色波纹管、编织物管或者纺织胶带等外敷物进行包裹，以增加其耐磨性、隔热性。在使用过程中，由于线束的绝缘层多是橡胶材料，因此可能发生线束绝缘层老化的情况，在弯折及拉扯的状况下，也较易发生短路、断路等故障，影响电气系统的可靠性及安全性，因此，需要对线束外观部分进行针对性维护检查。

（2）纯电动商用车。纯电动商用车尤其是城市物流车，因其结构紧凑，布置空间相对紧张，整车高压线束布置具有以下特点：

①高、低压线束分开布置，避免线束相互交叉重叠造成相互干扰。

②避免高压线束应力的集中，电缆最小弯曲半径一般要大于该电缆直径的5倍。

③避开热源、振源及剧烈振动区域，并根据线束布置部位的振动幅度、运动件的最大运动包络，留有足够的线长，避免让线束承受拉力或者张力。

④避免从尖锐物、金属架边缘、焊接缝、车身上的固定孔处走线（需要通过锐边或者过孔时，有相应防护措施），避免因装配操作、振动摩擦使得高压线束外敷物磨破。

⑤高压线束从连接器接口处出来后，在高于连接器中心水平面进行布置之前，必须先保证有一段高压线处于连接器中心水平面之下，以保证雨水不会沿着高压线束倒流进高压零部件内部。

⑥高压线束由于线径较粗，折弯时需要的折弯力比较大，因此在进行高压线束固定时，折弯处的两端要用固定卡箍等可以长期承受较大作用力的零件进行固定。对非受力部位的高压线束进行固定时，可以用尼龙扎带进行捆扎、固定。

维护作业人员对这些高压线束进行维护时，应注意不能改变原有的线束布置形式，依据线束布置特点进行外观检查时，应确保无异常破损、老化等现象。

2. 高压连接器

根据GB/T 37133—2018，高压连接器指在纯电动汽车高压电缆间、高压电缆与高压部件间，提供连接和分离功能的具有一组或多组导体端子的部件。常见的高压连接器包括四种（表2-6），其中，第一种在早期电动车辆上使用较多，这种连接器通常以金属壳体连接为主，无高压互锁功能，且防止误插入效果较差；

第二种相对于第一种增加了高压互锁功能，同时，连接器的外壳也开始采用塑料材质；第三种在第二种的基础上增加了屏蔽功能，并通过设置操作顺序实现二级解锁；第四种相对于第三种作了进一步优化，直接将二级解锁功能体现到连接器结构上。

不同类型的高压连接器　　　　表2-6

序号	图示	特点
1	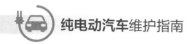	外壳为金属，无高压互锁功能
2		外壳为塑料，具备高压互锁功能
3		外壳为塑料，具备高压互锁功能、屏蔽功能，通过外部顺序动作实现二级解锁
4		外壳为塑料，具备高压互锁功能、屏蔽功能以及二次解锁结构

高压连接器通常具有一定的插拔寿命，相关数据表明，汽车高压连接器可能出现电接触失效、绝缘失效、机械连接失效等不同类型的失效模式，其中，电接触失效占比最高，约45%，绝缘失效和机械失效均占比约20%，不同失效模式对应具体的故障原因。比如，对于接触失效，通常是由于振动、长期负载、接触压力不足、接触表面磨损等原因，对于绝缘失效，通常是由于连接器受潮，工作环境潮湿或接触部位存在灰尘、污染物黏附等原因。目前纯电动汽车上使用了不同类型的高压连接器，在维护作业过程中，应注意按照不同连接器插拔使用说明，规范插拔高压连接器。

第四节　纯电动汽车高压安全功能

传统燃油汽车的故障通常表现为机械件的抖动、磨损、发热、漏油、漏液等,往往具有明显的表现特征,且这些故障现象通过常规检测和目视检查就可以定位故障点予以消除,纯电动汽车则不同,一些电气故障发生后往往没有预兆,具有突发性、隐蔽性的特点,针对纯电动汽车的高压特殊性,在电动汽车产品设计的时候,通常要求整车具备相关功能性安全,比如高压互锁回路、电位均衡、绝缘电阻监测等,由纯电动汽车自主监测整车安全状态,确保车辆运行可靠性。

一、高压互锁

1. 原理及功能

根据国际标准《电动汽车安全技术规范 第3部分:人员电气伤害防护》(ISO 6469—32001),纯电动汽车高压部件及其接插件都应设置高压互锁装置(图2-23),形成高压互锁(High Voltage Inter-lock,HVIL)回路。高压互锁回路通过低压电路完整性来监测和确认整车高压电气系统的完整性,确保整车所有的高压部件和线束接插件安装到位,无短路或断路,同时负责监测高压部件盖板可靠关闭以及监测车辆是否发生碰撞和翻转等。高压互锁监测回路可分两种形式,一种是将所有(或局部多个)的高压部件的互锁连接端子串联起来,形成监测电路,一种是由各高压部件各自的控制器负责监测各自的部件的互锁信号。只有当高压互锁监测回路形成一个完整闭环,负责监测的控制器(如BMS)才认为车辆的高压部件连接状态正常,才会允许接通高压电源。当控制器检测到高压互锁回路断开或完整性受到破坏时,将启动必要的安全防护措施。

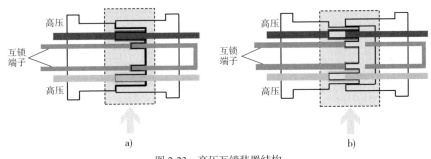

图 2-23 高压互锁装置结构
a) 互锁连接;b) 互锁断开

高压互锁装置大多集成于高压线束接插件内,通过互锁端子和高压端子的物理距离长度和位置差异(如图2-23所示),实现连接时,先高压后低压,即先连接高压端子，再连接低压端子；断开时，先低压后高压，即先断开低压端子（此时通过HVIL，立即控制切断高压回路），再断开高压端子，这种设计结构可以有效避免因带电插拔高压连接器而引起的高压端子拉弧损坏。图2-24所示的高压维修开关正是采用上述这种设计原理，当拔出高压维修开关时，首先造成HVIL回路断开，系统控制高压电下电，此后进一步断开高压回路，当插入高压维修开关时，首先接通高压回路（不通电），此后连接低压回路，确认HVIL回路完整情况下，方可接通高压回路。除上述结构形式外，也有采用外置式互锁连接器、高压控制盒上端盖开启/关闭控制互锁回路通断（图2-25）以及二次锁扣连接互锁回路等的高压互锁装置。

图2-24　高压维修开关高压互锁回路针脚

图2-25　高压控制盒端盖控制高压互锁回路通断

2. 主要监测节点

从车辆状态来看，高压互锁通常在以下三个环节发挥作用：

（1）在整车高压上电前，通过高压互锁回路，确保整个高压系统的完整性，使高压处于一个封闭的环境下工作，提高安全性。

（2）在整车运行过程中，通过高压互锁回路，在高压系统回路断开或者完整性受到破坏的时候（比如车辆意外碰撞），启动车辆安全防护措施。

（3）在维护修理环节，需要断开高压维修开关来断开高压回路，停止高压电的输出，防止带电插拔高压连接器给高压端子造成拉弧损坏，甚至造成人身伤害，保障维护作业安全。

3. 反馈动作

BMS检测到回路断开，判断车辆系统存在风险时，会根据车辆状态，采取相应措施，通常包括：

（1）断开高压。当车辆处于停止状态，BMS检测到HVIL断开，除了进行必要的警告外，还会直接切断高压电输出，使车辆无法上电起动，最大限度地保障乘客安全。

（2）报警提醒。常通过仪表警告灯亮起或发出警告鸣声等形式提醒驾驶员注意车辆情况，尽早将车辆送至专业维修点检测，避免发生安全事故。

（3）降低功率。当车辆处于行驶状态时，若BMS检测到HVIL断开，直接切断高压电输出具有一定的危险性，此时，除进行必要的警告灯、警告音提醒驾驶员外，高压控制系统将强制降低电动机的输出功率，强制降低车速，使车辆处于低速运行状态，给驾驶员足够的时间和机会寻找合适的地点停车。若驾驶员在停车后未及时将车辆送检维修，那么在下次起动车辆时，BMS将会直接实施切断高压电的措施，以保障人员安全。

二、高压维修开关

高压维修开关（图2-26）是保障纯电动汽车电气系统安全的关键部件。根据GB/T 19596—2017的定义，高压维修开关（High Voltage Maintenance Switch）为车辆维修时切断动力蓄电池高压输出的开关或相关装置，通常也称为手动维修开关（Manual Service Disconnect，MSD）。高压维修开关通常设置在蓄电池的主回路中，开关内置有熔断丝和高压互锁回路。高压互锁回路通过使用低压电信号检查整个高压模块、导线及连接器的电气完整性情况，当互锁发生故障后，可保证整车高压系统下电且在故障排除前高压系统不能上电，同时触发相应的警示信号。

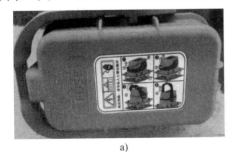
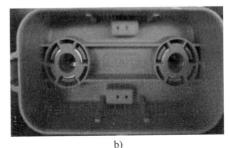

a) b)

图2-26 高压维修开关
a) 外侧；b) 内侧

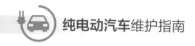

因此，高压维修开关既可以实现在短路时通过熔断丝切断高压回路以保护高压回路，又能够通过其内置高压互锁功能，监测外部动作并及时接通或者切断高压回路，是有效预防直接触电的重要手段，对于检修或者维护作业，可实现及时断开整车的电路，有效防止对人员、车辆和环境造成危害。

从设计角度，通常在蓄电池箱的输出端、高压配电箱的输入端设置高压维修开关，乘用车和商用车因整车空间、电气架构及动力蓄电池系统布置方面存在差异，因此，两者在高压维修开关布设上存在一定的差异。对于纯电动客车，《电动客车安全技术条件》（GB 38032）中第4.4.4条强制要求可充电储能系统应安装熔断器和手动维修开关。

三、电位均衡

电位均衡（也称等电位设计）指电气设备的外露可导电部分之间电位差最小化，《电动汽车安全要求》（GB 18384—2020）规定电动汽车用于防护与B级电压电路直接接触的外露可导电部分（如可导电外壳和遮栏），应传导连接到电平台，且满足外露可导电部分与电平台间的连接阻抗不大于0.1Ω，且在电位均衡通路中，任意两个可以被人同时触碰到的外露可导电部分（即距离不大于2.5m的两个可导电部分）间电阻应不大于0.2Ω，从而确保在出现高压电路故障时，能有效避免出现可能的人身高压电击事故。同时，用于等电位连接的导体截面面积和接触面积要大于高压线束截面面积，连接点接触面也需要作特殊处理，避免不同材料之间产生连接腐蚀，从而影响连接阻抗。通过壳体的等电位电阻检测，可以辨别高压部件箱体的紧固情况（紧固螺栓松动将直接影响电位均衡电阻值大小）。纯电动汽车电位均衡情况可通过可借助电阻表，测量搭铁端与机壳（或者应搭铁的导电金属件）之间的电阻值进行评价。电位均衡搭铁电阻要求如图2-27所示。

四、绝缘监测

纯电动汽车通过设置遮栏外壳、IPXXB（人员防护要求，B表示防止手指接触）、IPXXD（人员防护要求，D表示防止金属线接触）、使用绝缘材料、等电位连接等直接或间接防护措施来保障使用安全，其中，车辆绝缘是重要项目之一，其通常受到车辆运行环境、绝缘电阻测试工具、测试方法等因素影响而呈现为动态值，具有不确定性。如果整车绝缘强度降低，其形成的漏电流可能导致热积累，从而引发火灾事故，也会影响其他高压或者低压部件的正常工作，甚至对人身造成触电伤害等。对此，《电动汽车安全要求》（GB 18384—2020）规定电动汽车除具备系统硬件防护设计（直接防护和间接防护）外，同时应设计有主动监测车辆绝缘情况的功能模块（图2-28），即应实时对整车绝缘电阻进行监测，并实时监测模块自身运行状况，上报动力蓄电池母线对车身的绝缘电阻，且在发生绝缘故障的时候应进行报警提示。

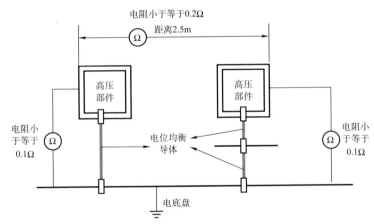

图2-27 电位均衡搭铁电阻要求

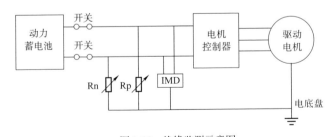

图2-28 绝缘监测示意图

纯电动汽车整车绝缘电阻的检测通常是将整车高压系统的绝缘介质看作一个整体，分别测量动力蓄电池的正极母线对车辆底盘和负极母线对车辆底盘的等效电阻，其中较小的电阻值为最终绝缘电阻值。绝缘监测模块采用的绝缘电阻检测原理包括辅助电源式、电流传感式、桥式电阻式和低频电压注入式等，其中，桥式电阻式应用较为普遍，其具体原理为在直流正负母线与电底盘之间接入一系列已知电阻值的电阻，通过电子开关或继电器切换接入电阻的大小，测量不同接入电阻情况下的分压电阻，结合方程式解出正负母线对地的绝缘电阻。

在实际操作中，可采用漏电流检测法、双表笔检测法或者绝缘电阻检测仪检测法（其中，后两种方法为GB 38031或GB 18384规定的检测方法）等获取动力蓄电池的绝缘电阻值，具体原理如下。

1. 漏电流检测法

使用万用表，测量动力蓄电池正极对电底盘的电压值并记录为U_1。此后在蓄电池正极与电底盘之间并联已知电阻值的电阻R，再次使用万用表测量获得此时动力蓄电池正极对电底盘的电压值U_2。最后，通过式（2-1）计算得到整车绝缘电阻值，与标准对应要求的500Ω/V（交流电路）或100Ω/V（直流电路）相比，若大于标准值，说明符合规定要求，若小于标准值，则说明存在漏电情况，绝缘电阻值不符合要求。

$$绝缘电阻 = \frac{\frac{U_1 - U_2}{U_2} \times R}{U_总} \quad (2\text{-}1)$$

式中：$U_总$——动力蓄电池总电压，V。

2. 双表笔检测法

采用双表笔同时读数，分别接入已知电阻R_0（阻值推荐使用1MΩ）前后，动力蓄电池两个端子和电平台之间，测得电压，并利用式（2-2）得到最终的电阻值。这种方法比采用单表笔先后接入读数的方式，测试误差相对要小。

$$R_i = \frac{1}{\frac{1}{R_0 \left(\frac{U_2'}{U_2} - \frac{U_1'}{U_1} \right)} - \frac{1}{r}} \quad (2\text{-}2)$$

式中：　R_i——最终计算得到的绝缘电阻值；

U_1、U_1'——第一次同时测得的动力蓄电池两个端子和电平台之间的电压，且$U_1 > U_1'$；

U_2、U_2'——接入已知电阻R_0后同时测得REESS两个端子和电平台之间的电压；

r——电压检测设备自身的内阻。

对于部分B级电压负载无法同时工作的情况，通常需要分别对各B级电压负载绝缘电阻进行计算，然后将上述方法得到的绝缘电阻并联计算后，得到整车的绝缘电阻值，计算得到的绝缘电阻应满足GB 18384的规定要求。即在动力蓄电池最大工作电压下，直流电路绝缘电阻不小于100Ω/V，交流电路不小于500Ω/V，即DC不小于10mA，AC不小于2mA。

3. 绝缘电阻检测仪检测法

这种方法的具体流程是，首先使蓄电池包或系统处于接通状态，再使用绝缘电阻检测设备分别直接测量蓄电池包或者系统的正负极端子对电平台之间的绝缘电阻值。需要注意的是，测量使用的电压应为动力蓄电池包或者系统的标称电压的1.5倍或者500V（DC.）的电压，两者取较高值，且测量过程中施加电压的时间应足够长，推荐保持30s，从而确保得到较为稳定的读数。

五、预充回路

纯电动汽车电气系统内部的高压控制器部分存在大量的容性负载，如果直接接通动力蓄电池输送过来的高电压，主回路较大的高压可能对电容元器件造成冲击，因此，纯电动汽车设置有单独的预充电回路，其工作原理是，在总正继电器闭合前，首先闭合预充继电器，对电容进行预充电，当电容电压达到一定阈值之后，再闭合总正继电器，然后断开预充继电器。即上电顺序通常为闭合预充继电器开关、闭合主负继电器开关、闭合主正继电器开关、断开预充继电器开关；下电顺序通常为断开主正继电器开关、断开主负继电器开关。通过上下电的闭合和断开顺序，可以进一步判断继电器是否存在粘连情况。预充回路如图2-29所示。

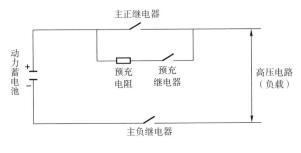

图 2-29　预充回路

第三章 纯电动汽车维护设备及作业安全

纯电动汽车与传统燃油汽车有显著差异性，特别是纯电动汽车具有高压特性，为确保纯电动汽车维护作业安全，本章将介绍电动汽车高压电基础知识、电动汽车维护常用设备及工具，并从作业环境、应急设备、作业人员、防护安全、车辆状态、操作规范等方面对维护作业安全进行介绍。

第一节 高压电认知

一、纯电动汽车高压电

根据国家标准《电工术语 发电、输电及配电 通用术语》（GB/T 2900.50—2008）定义，电气设备的电压分为两个等级，即低压和高压，低压（Low Voltage，LV）指用于配电的交流系统中1000V及其以下的电压等级；高压（High Voltage，HV）指在1000V以上的电压等级。国内目前针对高低压的区分主要参照该标准执行。

依据《电动汽车安全要求》（GB 18384—2020），纯电动汽车的电气元件或电路的电压等级分为A、B两个等级（表3-1）。

电压等级　　　　　　　　　　　　　　　　　　　表3-1

电压等级	最大工作电压 U（V）	
	直流	交流
A	$0 < U \leq 60$	$0 < U \leq 30$
B	$60 < U \leq 1500$	$30 < U \leq 1000$

依据《电动汽车高压系统电压等级》（GB/T 31466—2015），纯电动汽车高压系统的直流电压等级可分为6个等级，标准界定的高压系统部件包括动力蓄电池系统和/或高压配电系统（内含高压继电器、熔断器等）、电机及其控制器系统、电动压缩机总成、DC/DC变换器、车载充电机和PTC加热器等，高压系统直流电压等级见表3-2。

高压系统直流电压等级　　　　　表3-2

电压等级（V）	144	288	317	346	400	570

注：随着电动汽车技术的进步，整车布置空间优化等因素，电动汽车产品的电压等级在具体应用时可采用偏离电压等级的其他电压。

纯电动汽车因搭载了高压动力蓄电池作为动力源，整车主要部件均带有高电压，即B级电压。考虑到关键零部件的电压、效率及成本，通常商用车的功率需求比乘用车大，为降低电路工作电流以及成本，采用的电压也高于乘用车，通常情况下，纯电动乘用车整车动力系统电压为200~500V，纯电动商用车整车动力系统电压则一般为300~700V。

二、人体安全电压

1. 人体电阻（R_b）

人体电阻可分为皮肤电阻和内部组织电阻两部分。由于皮肤的角质层有一定的绝缘性能，所以人体电阻主要是以皮肤外角质层为主的。皮肤角质层电阻的大小会随着人体体质、身体部位、个体情绪以及环境温度和湿度等因素的变化而产生差异，且随着电压升高（50V以上且持续一定时间），皮肤角质层绝缘将受到破坏，电流将通过人体内部组织，对人体造成严重伤害。

不同环境下，皮肤的电阻不同，比如在干燥环境中，人体电阻大小在2kΩ~20MΩ区间内；当皮肤湿度较大（如出汗）时，电阻值约为1kΩ；当皮肤出现伤口时，电阻值约为800Ω。

2. 安全电流（I_s）

当电流通过人体后，人体的反应或对人体的伤害程度与电流的强弱、电流频率以及人体生理条件状态等诸多因素有关，因此个体差异较大。按照人体呈现的状态，通常将通过人体的电流分为三个级别：感知电流、摆脱电流和室颤电流，从左到右对人的伤害程度依次增强。

（1）感知电流是指通过人体引起人有任何感觉的最小电流，在一般情况下感知电流不会对人体构成伤害。依据感知电流的概率曲线，当感知的概率为50%的时候，成年男性和女性的感知电流分别约为1 mA和0.7mA。与交流不同，在感知阈值状态下，直流只有接通和断开时候才有感觉，而在电流流过期间不会有其他感觉，对应的电流值约为2mA。

（2）摆脱电流指人触电后能自行摆脱带电体的最大电流，这种电流一般情况下人可以忍受且不会造成不良后果，但是当超过这一电流时，人会明显感觉到痛苦，若超过时间持续较长，可能引起昏迷、窒息甚至死亡。依据摆脱电流概率曲线，当摆脱的概率为50%的时候，成年男性和女性的摆脱电流分别为16mA和10.5mA。与交流电不同，直流电同样没有确切的摆脱阈值，通常在电流接通和断开时，会引起肌肉疼痛和痉挛状收缩。

（3）室颤电流是指通过人体的电流引起心室发生纤维性颤动的最小电流，室颤是指人体心脏在电流作用下，出现每分钟上千次的小幅抖动，而不是正常情况下的有力搏动，这将造成人体失去正常的心脏供血功能，可在短时间内使人致命，引起人体心室纤维性颤动是电击事故中最主要的致命原因。

室颤电流大小和人的生理状态及电气参数有关，当电击持续时间超过一个心脏搏动周期时，直流的纤维性颤动阈值明显比交流电高出好几倍，当电击时间短于200ms时，发生纤维性颤动的直流电流阈值大小和交流的均方根阈值大体相同。可见，室颤电流安全阈值大小，需要结合电流类型、人体生理状态以及电气参数等综合判断。相关统计表明，当电流持续时间超过心脏搏动周期时，人的室颤电流约为50mA，当电流持续时间短于心脏搏动周期时，人的室颤电流可达到数百毫安。

3. 人体安全电压（U_s）

人体的安全电压值指人体持续接触不会使人直接致死或致残的电压大小，其计算方式为通过人体的电流（不超过安全电流）与人体电阻的乘积，即：

$$U_s = I_s \times R_b \qquad (3-1)$$

式中：U_s——安全电压，V；

I_s——安全电流，A；

R_b——人体电阻，Ω。

这里的人体电阻和安全电流都是具体情况下的相对值，得出的安全电压也会因人、因环境而发生变化，因此是一个非恒定值。国内早期标准将电压划分为42V、36V、24V、12V和6V共5种类型，其中，"36V"通常作为一个经验判断值，作为一般环境条件下允许持续接触的安全电压，但目前使用的国家推荐性标准《特低电压（ELV）限值》（GB/T 3805—2008）不再使用"安全电压"这一概念，而是综合考虑不同环境状况、车辆是否出现故障等条件，给出了参考限值，目的是避免引起误解。

第二节 维护设备及作业安全要求

一、作业场地

为避免高压系统部件及回路出现进水安全隐患，电动汽车的维护场地应确保干燥，且应避免无关人员误入作业区，应通过设置隔离区和警示牌，提醒和隔离非作业人员，避免造成意外安全事故。在实际维护作业过程中，可在车顶放置相关警示标识，如"正在维修高压部件，请勿触碰"。应单独设立纯电动汽车维护作业区，与传统燃油汽车的维护作业区域进行物理隔离，目的是有效杜绝因静电引起火灾的安全隐患。

目前，动力蓄电池的售后维修主要由蓄电池生产企业自行承担，相关企业已经形成了一套相对成熟的蓄电池维修条件要求。在作业场地方面，通常要求作业区域配备必要的安全设施，如消防设施、报警设施、应急设施等，特别是对于维修半成品、回收蓄电池的存放等，应放置在专用场地；维护作业场地地面要确保硬化并且能够防止渗漏；要求具有环保防范设施，如废水处理系统等；要求蓄电池存储场地的环境保持通风干燥、光线良好，并远离居民区。

因此，鼓励从事新能源汽车（动力蓄电池）维修的企业设置专用维修车间和备件存储仓库，车间和仓库为永久性建筑，不应使用易燃建筑材料，面积与生产规模应相适用，车间和仓库应具有消防栓和烟感设施，与居民区隔离适当距离，并符合消防建设标准要求。作业环境要求示例如图3-1所示。

图 3-1 作业环境要求示例

a) 独立作业区域；b) 警示牌及隔离设施；c) 动力蓄电池维修车间；d) 动力蓄电池托架；e) 维修作业期间使用的安全警示标识；f) 纯电动乘用车维修工作示例

二、维护设备及工具

纯电动汽车维护过程中需要使用到绝缘工具、专用设备、专用工具等，纯电

第三章 纯电动汽车维护设备及作业安全

动汽车常见及专用维护设备和工具见表3-3。

纯电动汽车常见及专用维护设备和工具 表3-3

序号	设备名称	功　　能	示例图片
1	万用表	测量电压和电阻 （耐压等级不低于800V）	
2	绝缘电阻表	检测绝缘电阻 （GB18384中6.2.1.1要求电压检测工具的内阻不小于10MΩ）	
3	钳形电流表	检测电流数值	
4	除尘设备	电气设备除尘	
5	绝缘套筒扳手	拆装螺栓	

· 79 ·

续上表

序号	设备名称	功能	示例图片
6	扭力扳手	按规定力矩紧固螺栓	
7	气密性测试设备	对蓄电池包和水冷板进行气密性检测	
8	充放电设备	对模组或蓄电池包进行充放电,并可进行容量检测	
9	模组均衡设备	调节模组内各个电芯SOC一致性	
10	整车故障诊断仪	数据监控、故障诊断、数据存储、程序更新下载	
11	CAN总线分析仪	系统诊断	

第三章 纯电动汽车维护设备及作业安全

续上表

序号	设备名称	功能	示例图片
12	蓄电池系统专用诊断设备	蓄电池系统故障诊断	
13	电容放电仪	释放高压系统回路中残留的高电压	
14	蓄电池托架（动力蓄电池升降台）	便于安装、承载动力蓄电池的专用装置	

注：序号1~6为常用设备，7~14为专用设备。

三、应急设备

企业应配备符合要求的消防设备、灭火器、防毒面罩以及绝缘棒等，用于紧急情况下对人或车采取有效应急措施。比如在纯电动汽车发生起火但火势相对较小，且没有蔓延到蓄电池舱的情况下，可以用二氧化碳或干粉灭火器进行灭火；当火势较大且无法通过常规灭火器进行灭火时，可使用水基型灭火器或者大量的水对蓄电池进行灭火；在电动汽车起火后发生有毒气体（如氟化氢、氰化氢等）渗出情况下，现场处置人员应使用防毒面罩，做好毒气防护工作；在特殊情况下，可使用消防剪切断纯电动汽车部分高压电路，使整车断电；对于严重起火且无法用灭火器达到灭火目的的，可以使用消防沙、消防铲等对其进行灭火；当发生人员触电等紧急情况，需要用绝缘棒（安全救援钩）对触电人员实施救援。

维护作业现场应配备的常见应急设备如图3-2所示。

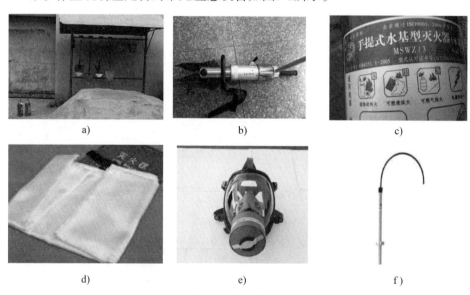

图3-2 常见应急设备

a) 消防沙、消防铲；b) 消防剪；c) 灭火器（水基型）；d) 灭火毯；e) 防毒面具；f) 安全救援叉（钩）

四、作业人员

维护作业人员的能力水平和数量条件是保障维护作业质量的基础，从维护作

第三章 纯电动汽车维护设备及作业安全

业安全及维护质量角度考虑，需要落实人员技能及人员数量方面的要求。

1. 人员技能方面

按照《特种作业人员安全技术培训考核管理规定》（原国家安全生产监督管理总局令第30号）要求（以下简称《规定》），特种作业人员必须经过专门的安全技术培训并考核合格，取得《中华人民共和国特种作业操作证》（以下简称《特种作业操作证》）。纯电动汽车高压系统部件的维护、修理等作业项目通常被认为是《规定》特种作业目录中电工作业类别下的低压电工作业项目（工种），即属于对1000V以下的低压电气设备进行安装、调试、运行操作、维护、检修、改造施工和试验的作业。虽然目前维修行业并未将新能源汽车高压系统维修认定为特种作业范畴或强制要求必须考取低压电工证，但多数汽车生产企业从安全角度考虑，将获取《特种作业操作证》（作业类型：电工）作为新能源汽车维护工人培训前的一项基本要求，在此基础上，进一步完成社会（汽车生产企业、蓄电池生产企业或者行业协会等）层面的培训，且在培训考核合格后持证上岗。表3-4和图3-3分别列举了部分生产企业现行的培训模式案例及培训证书样板。

培训模式案例　　　　　　　　　　表3-4

培训组织	培训对象	培训内容	证书类型
某蓄电池生产企业	售后维护培训后，并取得相应等级的证书，才能上岗维修。培训对象为动力蓄电池维修维护人员	L1-动力蓄电池系统数据采集、简易故障诊断和简易故障判定（如硬件连接类故障等）、动力蓄电池系统总成拆装及高压盒总成拆装工作、动力蓄电池系统总成维护和保养工作 L2-动力蓄电池系统数据采集和解析，动力蓄电池系统简易故障诊断、判定和维修，动力蓄电池系统一般故障诊断、判定和维修（如通过上位机可以定位的故障），动力蓄电池系统总成维护与保养工作 L3-动力蓄电池系统数据采集和解析，动力蓄电池系统简易故障诊断、判定和维修，动力蓄电池系统一般故障诊断、判定和维修，动力蓄电池系统总成疑难故障诊断、判定和维修，动力蓄电池系统总成维护与保养工作，蓄电池策略修正，从属故障判定	分L1、L2、L3三个等级，不同等级对应不同的维修深度，培训合格后，颁发对应等级的培训证书

续上表

培训组织	培训对象	培训内容	证书类型
某整车生产企业	参加纯电动客车实操环节的学员一律要求取得低压电工证。培训对象为营运企业和服务站维修维护人员	1）初级：了解纯电动客车维护保养知识。具体包括：纯电动客车三电系统介绍；高压配电电路、常见配电故障处理；用电安全要求、行车前检查事项、应急处理和特殊要求；维护保养；电学常识 2）中级：学习纯电动客车故障维修技能。具体包括：故障诊断基础，包括故障识别和信号范围、故障码、故障处理、故障显示、诊断工具；电动机常见问题解决方案，包括故障处理流程、常见故障的解决方案、案例；蓄电池常见问题解决方案；纯电动客车配电线束；纯电动客车常见故障的排查和案例	1）初级课程培训结束后，会安排测试，合格的颁发安全维护合格证 2）中级课程培训结束后，安排实车故障排查测试，合格的颁发维修技能合格证

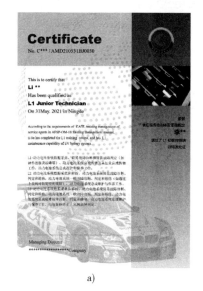
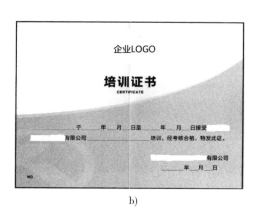

a)   b)

图 3-3 培训证书模板
a) 某动力蓄电池企业培训证书；b) 某整车生产企业培训证书

2. 人员数量方面

在发生意外触电事故的情况下，应通过及时、规范救助措施，避免事故恶化而导致伤亡发生，为此，现场维护作业过程中，安排2个及以上的维护作业人员协同开展作业，对于及时发现意外并采取应急措施十分必要，可以有效保障维护作业安全。

五、安全防护

由人体安全电压特性可以发现，人体的安全电压也有其不安全的一面，安全电压需要一定的前提条件，通常因人而异，且当人体处于身体虚弱、多汗、环境潮湿等特殊状态下时，其安全电压会大幅降低，对部分人也可能造成伤害。因此，维护作业人员应认识到纯电动汽车整车高压危害以及人体安全电压阈值的不确定性，在维护作业过程中，应时刻保持防范和警惕，严格落实安全防护措施，穿戴必要的安全防护装备，包括绝缘手套、绝缘鞋、护目镜、安全帽等（可视情增加其他必要防护设备），在维护作业期间，还要使用带有绝缘防护的作业工具，且禁止操作人员佩戴金属饰品，避免引发触电安全事故。常见的防护装备见表3-5。

常见的防护装备　　表3-5

序号	名称	图示	说明
1	绝缘手套		《带电作业用绝缘手套》（GB/T 17622—2008）标准规定了0~4共5级的绝缘手套，其中0级为最低级别，适用于AC 380V的场景，且绝缘手套在交流验证电压试验和耐受电压试验下的电气绝缘性能应达到5kV、10kV，在直流验证电压试验和耐受电压试验下的电气绝缘性能应达到10kV和20kV。绝缘手套在使用前，应进行气密性检查，可以采用将手套卷曲的方式，从手套入口处向手掌、手指方向压卷，确保手套无异常漏气现象
2	绝缘鞋		《足部防护 电绝缘鞋》（GB 12011—2009）标准对绝缘鞋的储存场所、存放期限等均给出了相关规定，存放超过24个月的，要逐只进行电性能预防性检验，只有符合规定的鞋方可使用

续上表

序号	名称	图示	说明
3	防护目镜或眼罩	 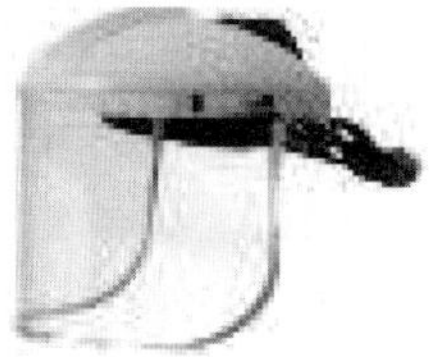	《个人用眼护具技术要求》（GB 14866—2006）将眼护具类型按照结构划分为眼镜、眼罩、面罩。该标准定义了眼护具的概念：指的是防御烟雾、化学物质、金属火花、飞屑和粉尘等伤害眼睛、面部的防护用具
4	安全帽		1）《头部防护 安全帽》（GB 2811—2019）规定了安全帽的分类与标记、技术要求、检验及标识。适用于作业场所头部防护所用的安全帽，不适用于消防、应急救援、运动用和车用头部防护用品。纯电动汽车维护过程中使用的安全帽，其应附加有电绝缘性能、防高压电性能等 2）《头部防护 安全帽选用规范》（GB/T 30041—2013）中规定了安全帽与眼护具配合使用的要求

六、车辆状态

纯电动汽车高压系统部件通过低压电气系统进行控制，高压系统上电逻辑通常被设计为先上低压后上高压，当钥匙置于"ON"档时，整车控制器和BMS等低压控制系统开始上电自检，然后才对高压系统部分进行上电；相反，下电逻辑通常被设计为先下高压后下低压，当钥匙置于"OFF"档时，整车控制器首先向电动机发送"要求电动机降矩到停机"的控制指令，符合条件后由电机控制器切断对电动机的供电，此后控制DC/DC变换器和DC/AC变换器停止工作并断开回路供电。

纯电动汽车在接收到下电指令时，实际上已经完成了BMS控制主正继电器断开、电机控制器控制逆变器主动放电、BMS控制主负继电器断开等一系列的自动断电动作。为确保纯电动汽车维护作业安全，在开展纯电动汽车维护作业时，应对整车进行进一步的手动断电，确保整车高压电路实现物理切断，需要进行手动操作的动作顺序为"先低压后高压"，即在关闭车辆电源总控制开关后，首先断开辅助蓄电池正负极或者关闭辅助蓄电池开关手柄，然后再关闭高压维修开关（或称手动服务开关、手动维修开关），拔出的钥匙和取下的开关件应交由专门人员妥善保管。

此后，维护作业人员应进一步确认高压系统部件的正负极电压低于36 V，且绝缘电阻值符合相关要求。在断开高压维修开关后，通常需要等待5～10min（或按照生产企业要求，使用电容放电测试设备——电容放电仪，确认放电完毕），确认车辆容性负载完全放电，以确保维护作业安全，已拔掉高压维修开关的接口应贴上标签（防止人员误操作），对于所维修车型无维修开关的，维护作业人员应在佩戴好绝缘安全器具后，断开直流母线，并等待5～10min，使得整车电压处于安全电压水平。人体的安全电压指不会致使人死亡或者致残的电压，一般环境下允许接触的"安全特低电压"为直流电36 V。因此，关闭高压维修开关并等待一段时间后，应确认高压系统部件正负极电压低于36 V（建议使用电容放电仪进行检测，确保电压降低到0 V），并测量相关部件的绝缘电阻，阻值大小应符合车辆维修手册规定要求。在维护作业结束后，按照上述断电顺序的反向次序进行逐一恢复。

七、其他

根据GB 7258规定，汽车制造厂商应该根据汽车产品的实际，明示其他相关操作安全和故障防护的特殊规定要求。该条款旨在提醒维护作业人员要进一步通过汽车制造厂商的维护技术资料，全面掌握并履行相关维护作业安全要求。维护作业人员可通过全国汽车维修技术信息公开网（http://carti.rioh.cn/）查询维修技术资料获取渠道，及时关注最新的车辆维修技术资料信息，确认所维护的车辆是否存在特殊安全防护要求。例如，一些维修手册会提醒工作人员，在进行电焊维护修理作业时，部分低压电气设备通过搭铁实现电气回路供电，需要提前将低压蓄电池断开。

在车辆发生起火或出现人员触电等紧急情况下，维护作业人员应结合现场实际情况，采取适当的应急处置措施，可参考以下内容进行处置。

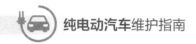

1. 车辆起火应急

通常，纯电动汽车在运行环节、充电过程和车辆静态等不同状态下均可能发生的紧急情况，维护作业期间若发生紧急情况，可按照可控火情和不可控火情分别采取应急措施。

（1）对于可控火情的，一是应找出起火或冒烟部位，使用随车灭火装置或者就近灭火装置灭火，火势控制后，迅速断开所有线束（电缆线）。

二是对于赶赴现场的人员，到达现场后，要及时打开消防栓，随时进行水枪灭火。

三是在火势可控且确保安全的前提下，拆下此前冒烟或着火的部件（特别是动力蓄电池），并迅速转移至空旷场地，以避免火势重复性蔓延。

四是对于火势扑灭后的车辆，应迅速脱离现场至安全、空旷场地，进行后续处置，确保火势不再重现，便于后续事故原因调查。

（2）对于不可控火情的，要及时撤离并报警，确保人员安全。

2. 人员触电应急

当发生人员触电情况时，首先应立即切断事故回路，并尽快拨打120急救电话，并尽可能对触电人员实施科学抢救。

（1）切断事故回路。可通过拨出高压维修开关等方式切断回路，如果紧急情况切断回路不能立即实施，则应先采取措施让施救者绝缘（如铺设绝缘垫）后开展施救，使用绝缘叉或绝缘钩，使触电者与带电物体分离。如果触电者处在高空位置，应确保使其在脱离带电体的同时，做好防止摔跌的保护工作。

（2）急救。在触电者脱离电源后，应立即拨打120急救电话。并立即对触电人员进行检查，若已经失去知觉，则应着重检查触电者双目瞳孔、呼吸或心脏跳动情况，根据实际情况就地采取口对口人工呼吸或胸外心脏按压法进行抢救，检查时应使人仰面平卧，松开衣服和腰带，打开窗户加强空气流通。施救过程中，做好及时与医院的沟通反馈工作。若触电人员未失去知觉，则应使其保持冷静，解除恐惧，暂时不要让其走动，以免加重心脏负担，并及时联系医生诊治。

3. 事故报告

在发生事故后，应根据国家及地方管理要求，启动事故信息报送流程，并在规定时限内及时上报事故信息。

第四章　纯电动汽车维护项目及操作

纯电动汽车维护作业应由通过培训的人员进行，并按照科学的维护作业周期和作业流程，采取必要的安全防护措施，使用绝缘工具及必要设备。本章将结合《纯电动汽车维护、检测、诊断技术规范》（JT/T 1344—2020）标准，介绍纯电动汽车的主要维护项目及操作。

第一节　仪表信号指示装置维护

仪表信号指示装置可由驾驶员通过感官直观判断，要求驾驶员关注仪表、指示装置及相关信号信息，能够有效识别不同的声光报警信息。表4-1列举了仪表、信号指示装置的具体维护作业内容及技术要求。

仪表、信号指示装置的具体维护作业内容及技术要求　　　　表 4-1

作业项目	作业内容	技术要求
仪表、信号指示装置	检查仪表	仪表完好有效，指示功能正常
	检查信号指示装置	信号指示无异常声光报警和故障提醒信号
	检查蓄电池荷电状态（SOC）示值或参考行驶里程	SOC示值或参考行驶里程符合车辆维修手册的规定

与仪表、信号指示装置相关的标准包括《电动汽车安全要求》（GB 18384—2020）、《电动汽车用仪表》（GB/T 19836—2019）、《汽车操纵件、指示器及信号装置的标志》（GB 4094—2016）和《电动汽车 操纵件、指示器及信号装置的标志》（GB/T 4094.2—2017）等，其中，GB 18384—2020第5.7条规定，电动汽车报警和提示应符合GB/T 19836和GB/T 4094.2的要求。GB/T 19836—2019规定了电动汽车仪表所特有的应指示或显示内容，包括可行驶模

式、可行驶里程、瞬时功率(包括驱动系统瞬时功率、制动能量回收系统瞬时功率)、驱动功率限制、剩余能量显示(纯电动汽车显示动力蓄电池的荷电状态)、充电状态、故障警告等七个方面。GB 4094规定了常规M、N类车辆的汽车操纵件、指示器及信号装置的标志以及其位置和信号装置显示颜色的基本要求;GB/T 4094.2则专门针对电动汽车特有的操纵件、指示器及信号装置提出要求,规定了电动汽车特有的操纵件、指示器及信号装置的标志以及信号装置显示颜色的要求,与传统燃油汽车相比,纯电动汽车常见信号指示标志见表4-2。

纯电动汽车常见信号指示标志 表4-2

序号	标 志	功能说明	颜 色
1		1)动力蓄电池荷电状态指示 2)低荷电状态警告信号	黄色
2		动力蓄电池故障信号	红色
3		1)动力蓄电池温度指示 2)动力蓄电池高温报警信号	红色
4		驱动电机系统故障指示	红色
5		驱动功率限制指示	黄色
6	READY	READY指示灯,表示驱动系统就绪	绿色
7		系统故障信号	红色
8		充电线连接信号	红色
9		纯电动汽车低速警示音关闭指示信号	黄色
10		续驶里程指示	—

注:表中各类标志为现行标准规定使用标志。

第四章　纯电动汽车维护项目及操作

纯电动汽车仪表显示信息反映了纯电动汽车的运行状态，当仪表和指示信号装置出现异常声光报警和故障提醒信号时，驾驶员应及时采取应对措施。在日常的发车前和纯电动汽车停驶后，可通过仪表信号指示装置，检查蓄电池的SOC或者剩余电量、参考行驶里程等信息，发现SOC示值或者剩余电量、参考行驶里程不符合使用规定的，应及时对车辆进行补电。图4-1及图4-2分别为某款纯电动商用车、某款纯电动乘用车仪表信号指示装置显示信息。

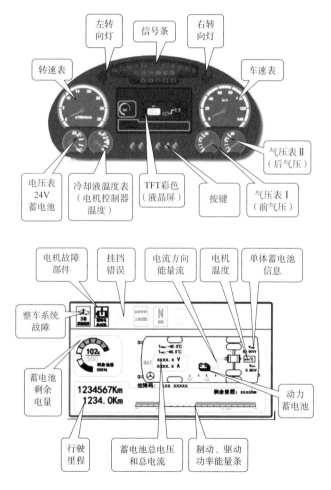

图4-1　某款纯电动商用车仪表信号指示装置显示信息

· 91 ·

名称	图标	名称	图标
左转向灯指示灯	←	ESC故障指示灯	
右转向灯指示灯	→	运动模式指示灯	SPORT
位置灯指示灯		ESC关闭指示灯	
远光灯指示灯		动力蓄电池故障指示灯	
电机及控制器故障警告灯		系统故障警告灯	
后雾灯指示灯		动力蓄电池充电指示灯	
日间行车指示灯		充电线连接指示灯	
防抱死制动系统（ABS）故障警告灯		巡航状态指示灯	
EBD故障警告灯	EBD	故障提醒警告灯	
制动系统故障警告灯		功率限制指示灯	
EPB故障警告灯		TPMS胎压异常指示灯	
驻车制动警告灯		减速器故障警告灯	
蓄电池充电故障警告灯		EPS故障警告灯	EPS
安全气囊故障警告灯		保养提示指示灯	
驾驶员安全带未系警告灯		低速报警关闭指示灯	
运行准备就绪指示灯	READY	经济模式指示灯	ECO
乘员安全带未系警告灯			

图 4-2 某纯电动乘用车仪表信号指示装置显示信息

第二节 电气系统绝缘性能维护

与传统燃油汽车相比，纯电动汽车上安装电子电气系统的比例大大增加，这些高压电气设备均涉及高压电气绝缘问题，高压部件运行过程中的振动、运行环境温度及湿度等，都可能造成高压电缆及其他绝缘材料的老化甚至绝缘破损，使绝缘强度降低，不仅会危及驾乘人员、维修人员的人身安全，还将影响低压电气系统的正常工作。因此，保障电动汽车高压电气系统与车辆底盘之间的电气绝缘

第四章　纯电动汽车维护项目及操作

性能是确保纯电动汽车高压安全的重要内容。

一、绝缘失效特点

除设计和制造因素外，热老化、光老化、受潮湿环境影响、低温环境下的材料脆裂、固定不当引起的摩擦损伤等，都会导致高压电路和车辆底盘之间的绝缘性能下降，动力蓄电池正、负极引线将通过绝缘层和底盘构成漏电流回路，使底盘电位上升，危及人身安全，影响纯电动汽车的正常工作。当高电压电路和底盘之间发生多点绝缘性能严重下降时，还会导致漏电回路的热积累效应，可能造成车辆电气火灾。由于汽车电气集中在底盘等乘车人员一般无法触及的地方，可能遇到触电危险的是维护作业人员。因此，维护作业人员应在作业期间关注高压电气系统相对车辆底盘的电气绝缘性能，确保维护作业安全。

二、绝缘电阻检测

运行状态下的整车电路绝缘性能通过整车自带的绝缘电阻监测系统实时监测，当出现绝缘故障报警时，维护作业人员可参照JT/T 1344—2020附表（表4-3）中所列的项目进行绝缘电阻检测和排查。动力蓄电池的绝缘电阻检查与整车高压负载的绝缘电阻检测方法不同，绝缘电阻检测应由经过培训的技术人员进行操作。

1. 检测准备

（1）做好人员安全防护，佩戴绝缘手套、绝缘服等，使用绝缘工具。

（2）测量前检查绝缘电阻表是否处于正常工作状态，观察绝缘电阻表技术参数，确保量程符合使用要求，通过短接确保测量功能正常。

（3）断开整车高压线束后，应使用绝缘胶布对高压线束连接端子进行密封缠绕，防止出现意外搭铁而引起电气短路。

（4）应确保被测量对象充分放电，同时，对测量部分进行清洁处理，确保测量位置没有污垢或水蒸气，保证测量准确度。

（5）测量过程中，确保被测车辆上不能有人在工作，做好警示隔离措施。

（6）禁止在雷电时检测绝缘电阻。

绝缘电阻推荐检测项目记录表　　　　　表 4-3

直流项	正极对车身		负极对车身	
检测项目	测量值	结果	测量值	结果
动力蓄电池				
电机控制器				
PTC 加热器				
电除霜器				
电源变换器（不含低压侧）				
车载充电机				
充电插孔				
高压维修开关				
高压集成控制柜				
交流项	U 相对车身		V 相对车身		W 相对车身	
检测项目	测量值	结果	测量值	结果	测量值	结果
驱动电机						
电动转向电机						
电动空气压缩机						
电机控制器						
车载充电机						

2. 检测方法

（1）动力蓄电池高压正/负级对车身的绝缘电阻可借助 BMS 自检进行检测（即使用蓄电池厂家的上位机辅助检测），具体检测方法如下：

①整车下电，关闭总电源，断开蓄电池系统与整车端相连接的高压正/负极线束。

②整车上低压电（须确保蓄电池系统高压回路 MSD 或者熔断丝处于接通状态），然后使用 BMS 上位机强制闭合高压继电器。

通过上位机观察系统自检测的高压正/负极的绝缘电阻值。

（2）使用绝缘电阻表对动力蓄电池绝缘电阻进行检测，具体检测方法如下：

①整车下电，关闭总电源，断开蓄电池系统与整车端相连接的高压正/负极线束。

②确保蓄电池系统高压回路 MSD 或者熔断丝处于接通状态。

③使用绝缘电阻表测试蓄电池系统高压正/负极对蓄电池金属壳体的绝缘电

阻值。

（3）使用绝缘电阻表检测其他高压部件的绝缘电阻。

测量其他高压部件的绝缘电阻，可使用绝缘电阻表对高压输入（输出）节点和车身地之间的绝缘电阻进行检测，图4-3列举了31条线路的推荐检测节点，在实际测量过程中，可根据整车结构实际调整测量节点，选取一条线路两端的任意一个便于测量操作的节点进行检测。例如若电机控制器部分的节点22不便于检测，可使用节点21代替。

在测量之前，切记断开动力蓄电池与高压负载的高压连接。

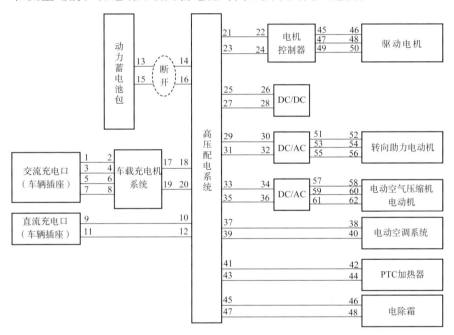

图4-3　高压负载绝缘电阻检测节点

第三节　动力蓄电池系统及驱动电机系统维护

一、动力蓄电池系统维护

动力蓄电池系统运行性能对整车的技术状况具有决定性影响，做好动力蓄电池及其管理系统的维护十分必要。动力蓄电池系统的维护应关注蓄电池的工作状况、外观、冷却系统、拆卸与紧固、蓄电池均衡、气密性检查和蓄电池维护周期等内容。

1. 工作状况

温度过高或过低都不利于动力蓄电池性能的发挥，动力蓄电池需要工作在合适的温度区间内，且满足低温性能优异、高温寿命长的要求。动力蓄电池在起动、加速工况下，整车电流变化较大，通常会出现产热不均衡的情况，另外，在对蓄电池进行快充的情况下，通常也会使蓄电池在大电流充放电过程中产生大量热量，通常存在蓄电池内外温度差异及散热局限，造成蓄电池模组内部各个单体蓄电池之间温度分布不均衡，单体蓄电池之间的性能出现差异，从而影响蓄电池整体性能。因此，需要关注蓄电池内部温度分布情况，包括单体蓄电池温差、最高温度等。表征动力蓄电池性能的主要参数还包括电压、电流、SOC示值，其中，电压包括蓄电池包的总电压、单体蓄电池压差，电流包括输出电流等。

将动力蓄电池系统的维护分为一级维护和二级维护，不同维护阶段均需要使用专用诊断设备读取动力蓄电池的工作状态参数进行综合分析和判断，同时检查车辆仪表显示的温度、电压、电流、SOC等参数是否正常，具体的故障诊断项目、方法及判定标准参照表4-4进行。

动力蓄电池故障诊断项目、方法及判定　　　　表4-4

项目内容		方　　法	判 定 标 准
温度	读取最高单体蓄电池温度	软件诊断	最高温度低于产品技术条件规定值
	读取蓄电池温差	软件诊断	蓄电池温差符合产品技术条件
	读取进出水口温度	软件诊断	温度符合产品技术条件
电压	读取蓄电池压差	软件诊断	蓄电池压差符合产品技术条件
	读取蓄电池包总电压	软件诊断	总电压应符合产品技术条件
SOC 示值	读取 SOC 示值	软件诊断	示值符合产品技术条件
压力阀	检查阀体外观	检视	阀体外观无破损、堵塞
故障诊断	读取系统报警情况	软件诊断	诊断无当前故障
软件版本	软件版本号	软件诊断	判断是否为最新版本

第四章　纯电动汽车维护项目及操作

2. 外观检查

外观检查内容主要是检查肉眼可见的失效或隐患，比如灰尘堆积、杂物、破损、断裂、老化、变形、渗漏等，这些项目对于保障整车绝缘有效和安全运行是必要的，因此，标准明确了部分外观维护项目。

动力蓄电池系统外观检查项目具体涉及机体、箱体、壳体、托架、线束导线等零部件的外表面，应确保外表面清洁、干燥，满足无破损（无裸露）、无锈蚀、无老化、无干涉、无变形、无断裂、无积尘、无渗漏、无杂物、无异味等，具体包括：

（1）线束、管路、绝缘层、壳体等无破损。

（2）带电部件（导线）无裸露。

（3）连接线束、导线绝缘层无老化，接线柱无明显氧化层。

（4）电缆、管路等无干涉，导线布设无干涉。

（5）壳体、托架、舱盖等无变形（蓄电池底板无凹陷、划伤）。

（6）托架等无断裂、表面无明显积尘，可使用吸尘器、柔软毛刷、干布清理外部灰尘或异物。

（7）系统各部表面无明显渗漏，无尘土杂物堵塞。比如，与动力蓄电池包相连接的高压连接器和低压连接器，应检查其外观有无泥沙覆盖，若有应及时予以清理。

针对动力蓄电池系统外观，JT/T 1344—2020规定了7个方面的检查项目，包括蓄电池舱盖、蓄电池箱壳体、蓄电池托架、蓄电池系统表面、高低压接口、高压线束及对应接插件，以及动力蓄电池管理系统的壳体、线束和接插件。检查方法是将车辆举升到合理高度，采用"目检"方式进行检查，对于检查发现问题的，应及时予以修理或者更换。

3. 冷却系统

动力蓄电池冷却系统分风冷、液冷等模式，对于采用风冷的，需要检查风扇及散热器的工作情况；对于采用液冷的，需要根据汽车维修手册规定要求，及时更换（补给）冷却液、检查冷却水管进/出水口连接情况（图4-4），确保连接位置及管路无异常漏液。

图4-4 动力蓄电池冷却管路进出水口

4. 拆卸与紧固

JT/T 1344—2020要求检查动力蓄电池箱体与车架的固定螺栓、正负极接触器固定螺栓、高压线束及附属的接插件连接固定情况，动力蓄电池的紧固检查通常涉及整车蓄电池包的拆装作业，维护人员应按照维护修理作业指导书及维修手册的指引，做好安全防护，使用绝缘工具进行作业。下面为某款纯电动乘用车拆卸动力蓄电池的过程：

（1）参照JT/T 1344—2020中的第4.6条，对纯电动汽车进行断电，即关闭整车电源开关，断开低压辅助蓄电池负极（图4-5），拔出高压维修开关（可以看到该车辆的高压维修开关带有450A的熔断丝，如图4-6所示）。

图4-5 断开低压辅助蓄电池负极

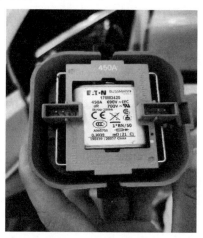

图4-6 带有450A熔断丝的高压维修开关

第四章 纯电动汽车维护项目及操作

（2）使用举升机，将车辆举升至合适高度，在托举过程中，应严格按照举升机作业指导书规范操作。

（3）断开蓄电池进、出冷却液管路，接出内部冷却液，并对管路接头进行封闭处理，避免杂物污染管路，如图4-7所示。

a)　　　　　　　　　　　　　　　　b)

图4-7　断开冷却管路并接出冷却液

a)冷却软管与硬管连接；b)接出冷却液

（4）拆卸蓄电池托架与车架电平台的搭接（图4-8）。

（5）按照低压控制线束接插件、高压蓄电池正负极输入/出线束接插件的顺序，依次断开接插件，并用绝缘胶布对接头和插座进行包扎处理（图4-9）。

图4-8　断开蓄电池包托架与车架的搭接点　　　图4-9　断开低压、高压接插件并包扎

（6）调整蓄电池托架高度和位置，并缓慢上升直至拖住蓄电池托架，如图4-10所示。

（7）拆下托架外围的护板，并按照对角位依次卸下固定螺栓（车辆纵向先两边再前后），使用托架缓慢下放高度后拖出（图4-11）。

a) b)

图 4-10 调整电池托举高度

a) 调整托举高度及位置；b) 托举终止位置

图 4-11 调整蓄电池托架高度

进一步地，如果需要对动力蓄电池进行拆包开箱检查，推荐检查的项目方法及要求见表4-5。

动力蓄电池开箱检查推荐项目方法及要求　　表 4-5

检查项目	方　　法	要　　求
检查箱内是否存在冷凝水	目检	1）检查上箱盖内侧是否有冷凝水 2）检查模组上层、侧板是否有冷凝水 3）检测箱体四周是否有冷凝水
高压铜排螺栓拧紧力矩检查	1）观察高压铜排螺栓画线是否位移； 2）用扭力扳手测试螺栓的拧紧力矩	1）螺栓画线无位移 2）检测螺栓残余扭力并记录 3）将螺栓拧紧力矩紧固至要求力矩

续上表

检查项目	方　法	要　　求
密封圈	检查密封圈外观，视情更换	无破损、褶皱
检查水冷板外观	目检	1）水冷管软/硬管连接良好 2）水冷板变形量小于制造商允许限度
检查箱体清洁度	目检	内部清洁度良好、无残余杂质
检查箱内低压线束外观及接插件连接情况	目测	线束外观良好，无磨损和老化，接插件无松脱
检查箱内高压线束（含电连接件）	目检	线束绝缘皮无磨损，无异常变色发黑现象
模组检查	目检、无损检测	1）焊缝无裂纹 2）无异物 3）螺栓画线标记无位移 4）模组及电芯无缺陷
模组均衡	工具检测均衡	模组内电芯电压差满足厂家要求
安全检测和健康评价	工具及后台数据	1）无损安全检测 2）车辆健康度评价

动力蓄电池拆卸后的安装工序，按照上述的拆卸顺序的反向次序依次进行。

5. 电池均衡

同一规格型号的单体蓄电池组成蓄电池组后，其电压、荷电量、容量及其衰退率、内阻及其变化率、寿命、温度影响、自放电率等参数存在一定的差别，这种现象称为蓄电池的不一致性。蓄电池出现不一致性是绝对的，蓄电池组的一致性是相对的。出现蓄电池不一致性的原因包括蓄电池制造工艺因素和蓄电池使用因素两方面，特别是在蓄电池使用一段时间后，由于蓄电池组中的各个蓄电池的温度、自放电程度、散热程度等差别的影响，增加了蓄电池电压、内阻及容量等参数的不一致性，出现单体蓄电池电压差异过大的现象，从而降低了蓄电池组的容量、使用寿命，导致续驶里程降低。因此，定期对动力蓄电池进行均衡尤为必要，比如，间隔一定时间对蓄电池组进行小电流维护性充电，可以促进蓄电池组自身的均衡和性能恢复；在平时使用过程中，应尽量避免蓄电池的过充过放，确保蓄电池有良好的使用环境，尽量保证蓄电池组温度场均匀，减小振动，避免水、尘土等污染蓄电池极柱，也可以采用蓄电池组自身的均衡系统，对蓄电池组充放电进行智能管理。

考虑到目前各个厂家的均衡方案不同，且部分厂家的BMS不具有均衡功能。标准中明确要求对蓄电池进行均衡维护，具体的均衡操作应结合车辆维修手册或使用说明书要求频次和方法进行。通常情况下，在纯电动汽车运行过程中或者上电状态下，整车可以通过BMS控制策略，实现对蓄电池均衡。在出现整车无法利用控制策略达到均衡效果时，需要对蓄电池进行健康检测，根据检测结果，对蓄电池模组进行针对性均衡，具体步骤如下：

（1）读取蓄电池系统数据，检测当前SOC所对应的蓄电池电压差，根据厂家内部规定，评估电压差值是否在合理范围内，若电压差超标，应及时做均衡维护。

（2）将设备通过指定线束与待均衡模组进行连接，如图4-12所示。

（3）设置好均衡目标参数（图4-13），启动均衡仪，通过高放低补的原理，缩小单体蓄电池间的电压差。

图4-12　连接均衡仪与蓄电池模组

图4-13　设置均衡目标参数

6. 气密性检查

动力蓄电池的气密性检查步骤如下：

（1）将测试用防爆阀密闭工装［图4-14a］装到蓄电池箱上［图4-14b］。

（2）将测试用的堵头［图4-14a］连接到相应接口，确保连接节点未发生漏气［图4-14b］。

（3）确认好气密性测试设备参数（图4-15），启动设备进行气密性测试。

（4）测试过程结束后，确认所有选项是否都测试显示OK（图4-16），记录泄漏值。

第四章 纯电动汽车维护项目及操作

a)

b)

图 4-14 蓄电池包气密性测试
a) 密封工装及堵头；b) 气路连接图

图 4-15 根据蓄电池箱产品特性设置相应测试参数

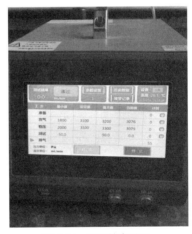

图 4-16 测试结束界面

（5）取下气密性检测工装、线束堵头等，并在平衡阀外面画红线标记。

（6）若检测结果为不合格，可通过涂肥皂水的方式排查漏气点（图4-17）。

7. 蓄电池维护周期

《道路运输车辆技术管理规定》（交通运输部令2019年第19号）第十六条的规定："道路运输经营者应当依据国家有关标准和车辆维修手册、使用说明书等，结合车辆类别、车辆运行状况、行驶里程、道路条件、使用年限等因素，自行确定车辆维护周期，确保车辆正常维护。车辆维护作业项目应当按照国家关于汽车维护的技术规范要求确定。"维护周期及具体维护作业项目由运输经营者结合有关技术资料、车辆实际运行情况自行确定、自行组织实施,并留存相关维护记录备查。

a)

b)

图4-17 气密性检测设备检测结果及泡沫检测
a) 气密性测试设备界面; b) 泡沫检测

下面为某企业制订的动力蓄电池维护周期。

1) 营运纯电动乘用汽车用动力蓄电池

（1）首次里程达到5000 km或年限达到6个月,进行一次一级维护。

（2）里程每隔10000 km或年限每隔1个月进行一次一级维护。

（3）里程每隔100000 km或年限每隔1年,进行外观检测及气密性检测。

（4）里程从200000 km 开始,每隔200000 km应进行一、二级维护的全部项目。

注：里程与年限以先到为准。

2) 非营运纯电动乘用汽车用动力蓄电池

（1）首次里程达到5000 km或年限达到6个月,进行一次一级维护。

（2）里程每隔10000 km或年限每隔1年,进行一次一级维护。

（3）里程每隔80000 km或年限每隔5年,进行外观检测及气密性检测。

注：里程与年限以先到为准。

3) 纯电动商用汽车用动力蓄电池

（1）里程每隔20000 km或年限每隔3个月进行一次外观检查及清洁,并使用

第四章　纯电动汽车维护项目及操作

上位机进行故障诊断。

（2）里程每隔80000km或年限每隔1年，进行外观检查、清洁、上位机诊断、气密性检测等，并根据车辆状态判断是否进行开箱检查及其他检查。

注：上述两者为并列关系，里程与年限以先到为准；重新使用长时间放置的车辆前，应对动力蓄电池进行外观检查和上位机诊断检测。

二、驱动电机系统维护

造成驱动电机老化的因素通常包括电气因素、机械因素和温度因素。电气因素指在电动机运行过程中，绝缘材料受到电场作用而发生的不可逆变化，进而导致绝缘材料性能失效。机械因素指电动机运行过程中产生的交变机械载荷（振动、内部撞击等）对绝缘材料端部进行挤压或者压缩，导致定子线圈发生位移变化，使绝缘材料受到一定程度的破坏，且当车辆行驶在颠簸或者经常性急加速、急减速情况下，电动机输出轴与减速器输入轴之间的连接花键可能形成一定程度的磨损破坏，导致电动机振动和噪声增大，影响了使用寿命。温度因素指绝缘材料在工作环境温度较高的条件下，高分子化合物的分子链更容易破裂，树脂材料的黏结强度下降，绝缘材料的机械强度下降，结构变形并加速了电动机绕组外层绝缘材料的老化。长期的高温环境将引起电动机热退磁和磁链密度降低，导致电动机输出功率下降。

综合以上三种老化因素，对驱动电机系统外观、冷却系统、润滑系统以及部件固定情况等进行维护时有以下要求。

第一，在日常维护方面，驾驶员针对驱动电机要直观检查的项目包括驱动电机运行状态及其外观。在行车过程中，应关注驱动电机运行是否平稳，有无异常振动或者噪声等，发现异常应及时停车检查或报修。外观方面，应保持车身及三电系统等部件外观的干燥、整洁，文明规范驾驶，行车过程中注意车辆防水防尘工作；在行车前，关注整车驱动电机系统垂直投影地面是否存在异常液体滴漏现象。

第二，专业人员维护方面，需要从外观、冷却系统、系统部件紧固、轴承更换、制动能量回收等内容对驱动电机系统进行维护。

1. 外观检查

和动力蓄电池外观类似，驱动电机系统的外观检查项目同样涉及机体、箱体、壳体、托架、线束等零部件的外表面，应确保驱动电机箱体、减速器箱体及驱动电机控制器壳体外表面清洁干燥，不受到绝缘污染，无明显积尘、无渗漏、无裂纹；高压线束、接线柱无破损、无老化，接线柱无氧化腐蚀，连接线束导线清洁、干燥、线束布设无干涉。

2. 冷却系统

随着驱动电机系统集成度的提升，驱动电机系统内部极易造成温升，需要采用液冷(水冷或者油冷)方式进行系统冷却，比如对永磁同步电动机采用内部油冷方案（直接冷却），可以有效避免仅对电动机外壳进行水冷方案存在的依赖热量层层传导、内部绕组温度聚集、冷却不充分等问题。为检查驱动电机冷却效果，标准对驱动电机系统冷却系统的维护提出了规范要求，包括对冷却液液面高度和冷却液管路两个方面的检查，发现冷却液不足时应及时补液，确保进出驱动电机系统的冷却液管路固定牢固、无异常泄漏，管路布设无干涉。图4-18为拆卸后的驱动电机冷却系统管路。

3. 系统部件紧固

系统部件坚固要求电机及电机控制器可靠固定，电机固定螺栓紧固，无松动，控制器应牢固可靠，不摇晃。检查电动机U、V、W端子接线情况及接线盒时，V、W端子接线应牢固，无松动，绝缘层应无破损，接线端口的PG插件应拧紧（要求拧到螺纹底部）；电动机接线盒应完好，盒盖上的螺栓应拧紧（要求拧到螺纹底部）。图4-19所示为对接线盒连接点进行紧固。

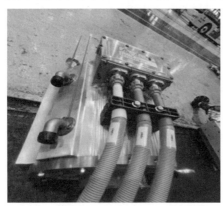

图4-18 拆卸后的驱动电机冷却系统管路

图4-19 对接线盒连接点进行紧固

4. 轴承更换

驱动电机轴承的运行条件极其苛刻，具有运行转速高、耐轴向冲击、耐高低温、密封性强、低噪声、长寿命等特点。通常，乘用车用轴承的寿命不低于10年24万公里，商用车的轴承寿命不低于10年60万公里。标准对驱动电机轴承检查、更换提出了要求，作为纯电动汽车二级维护的项目之一。图4-20为拆卸下的驱动电机系统部件，图中标记了对应的轴承位置。

5. 制动能量回收系统

有文献表明，在城市工况下，制动能量占总驱动能量的50%。如果将这一部分能量加以回收利用，纯电动汽车续驶里程可以增加10%~30%。制动能量回收系统成为延长纯电动汽车续驶里程的重要手段，有必要对其进行日常维护检查，其主要的维护内容为通过仪表，检查制动能量回收系统的工作状况，目视制动过程中仪表反馈情况，是否显示能量回收反馈正常。在实际维护作业过程中，可结合驱动电机系统维护同步进行。以某款纯电动客车为例，运行过程中，制动能量回收仪表显示情况如图4-21所示。

图 4-20　驱动电机系统部件

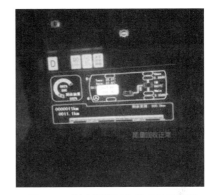

图 4-21　制动能量回收仪表显示情况

第四节　辅助电气系统维护

一、高压配电系统维护

高压配电系统（或称为高压配电控制柜、高压控制盒）的主要功能是集成纯电动汽车上的高压继电器、熔断器、电阻器、预充电电路等，为输入/输出部件提供合理的配电。由于纯电动汽车上的高压电气系统中配备有大量的大功率设备、具有电压高、主回路电流变化剧烈的特点。纯电动汽车高压配电系统除存在传统配电系统的故障隐患外，其特殊的工作特性也将带来更为严重的安全威胁，高压配电系统常见故障包括因为大电流形成的过电压故障、因容性负载的瞬时特性导致的上电冲击故障、因容性负载残留形成的断电泄放故障、短路故障以及因接触器熔断器故障导致的接触不良或断路故障等。为解决这些故障问题，通常在高压配电系统中会设计有多个保护电路，比如预充电电路解决上电冲击故障、电压泄放电路解决断电泄放故障、高压互锁电路解决接触不良或者断路故障等。在维护作业环节，应关注这些继电器、接触器工作状况。

上述的过电压故障、上电冲击故障以及断电泄放故障更多是通过设计来避免，一旦其发生故障，一般就要涉及具体的维修更换。接触不良及断路故障一般可通过预防性维护把可能出现的风险降到最低，因此，应对高压配电系统的外观、主开关和熔断器等进行检查，可使用风枪或者毛刷对箱体外部、内部各装置及相关插接件表面等进行清洁，对系统内外的固定情况进行检查，紧固高压配电装置及系统箱体的固定螺栓，检查高压线束、接线柱等连接固定情况，检查线束导线固定和搭铁情况、接插件连接情况。

以纯电动客车维护为例，介绍高压配电系统的维护步骤见表4-6。

高压配电系统的维护步骤　　　　　　　　　　表4-6

步骤	图　示	说　明
1		在维护作业前，应关闭车辆电源开关，切断高压回路，拔出高压维修开关
2		

第四章 纯电动汽车维护项目及操作

续上表

步骤	图 示	说 明
3		进行绝缘电阻检测，绝缘电阻符合厂家规定要求
4		检查接线情况，包括高压线束外观、线束固定等，确保外观清洁、线束捆扎牢靠、无破损
5		检查箱体等电位连接，连接位置应清洁、紧固完好
6		确认熔断器电阻值正确，连接部位无明显锈蚀痕迹

续上表

步骤	图 示	说 明
7		检查绝缘电阻，测量使用相应等级的绝缘电阻表，绝缘电阻值符合厂家规定值
8		检修完毕，应将高压维修开关装回，需安装到位

二、车载充电机维护

在对车载充电机进行一级维护时，需要关注车载充电机的外表面，确保无积尘或杂物，清洁、干燥，同时确保充电连接配合正常，充电保护有效。

（1）从外观上确保车载充电机具有有利的工作环境。

（2）从车载充电机的两大主要结构（功能）考虑，要求其充电过程中，其内部功率电路和控制电路工作正常，不应出现控制策略等内部因素导致的故障报警异常现象（比如充不上电、过充保护措施未启动等）。

二级维护应做好充电机的安装固定、线束及其接插件之间的连接固定工作。

三、电源变换器及逆变器维护

电源变换器及逆变器的工作状况与车辆的具体使用工况密切相关，通常，纯电动汽车常见用电工况包括：平常日间、冬季日间、夏季日间、夏季夜间、平常夜间、冬季夜间、冬季雪夜和夏季雨夜。其中，夏季雨夜为整车用电负荷最大的工况，需要特别加强对变换器和逆变器等相关组件的维护。因此，在制定电源变换器及逆变器的维护周期上，应结合纯电动汽车使用工况条件，视情调整维护周期频次。

以某款纯电动客车电源变换器及逆变器（四合一集成部件）的维护为例，具体操作示范见表4-7。

电源变换器及逆变器维护具体操作示范　　　　　表4-7

序号	图　示	说　明
1		检查多合一安装支架是否变形、开裂，减振垫是否损坏（有配置减振垫的情况），若支架变形、开裂则应重新拆装高压设备后进行维修更换
2		1）检查四合一DC/DC输出的24V负极是否搭铁牢靠，若搭铁松脱应及时紧固 2）检查四合一DC/DC输出24V正极连接到熔断器或者开关盒或者电源总开关是否紧固，若有松脱应及时紧固
3		1）检查高压电缆线是否存在磨损、破皮、裸露，若高压电缆线损坏则需要进行更换 2）检查高压电缆线密封是否完好，若密封圈损坏或者格兰头松动，则重新进行紧固或更换 3）在车辆追尾情况下请及时检查多合一高压电缆线是否损坏，多合一本体是否损坏，若损坏应及时更换
4		检查高压连接器是否松动，是否发黑烧蚀，若松动则重新进行插拔连接，若损坏、烧蚀、发黑则进行更换

续上表

序号	图 示	说 明
5		检查继电器是否粘连、无动作。出现继电器粘连影响车辆下电安全的,应及时停车检查、更换继电器

四、电动空气压缩机维护

电动空气压缩机的维护作业内容主要集中在润滑油的更换及分油过滤器的更换。分油过滤器是过滤润滑油的装置,结构上采用纤维制作的滤网,所以会由于长时间使用而发生过滤器堵塞的情况。润滑油的老化可以判断为是润滑油性质的变化及异物混入而引起的,前者是由于外部空气的影响及机器(设备)内部的磨耗、温度变化等而产生的现象。以某款纯电动客车空气压缩机的维护为例,维护作业检查过程如下。

(1) 检查空气压缩机电动机(图4-22)的机体,应无积尘或杂物,清洁且干燥。

(2) 检查空气压缩机控制器壳体(图4-23)。

图4-22 空气压缩机电动机

图4-23 空气压缩机控制器壳体

(3) 按照规定补充空气压缩机润滑油/润滑脂。空气压缩机润滑部位如图4-24所示。

第四章 纯电动汽车维护项目及操作

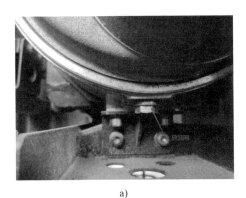
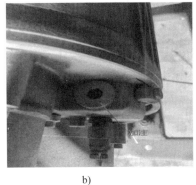

a) b)

图 4-24 空气压缩机润滑部位

（4）检查空气压缩机的高压线束、导线及空气管路（图4-25）。

a) b) c)

图 4-25 检查空气压缩机高压线束、导线及空气管路

（5）检查空气压缩机滤清器（图4-26）。

a) b)

图 4-26 空气压缩机滤清器

· 113 ·

（6）检查机体固定螺栓，并按规定力矩要求进行紧固（图4-27）。

图4-27 空气压缩机机体紧固检查

五、电动转向系统维护

以纯电动商用车电动转向系统的维护为例，需要进行的维护作业内容如下。

（1）检查转向电动机机体（图4-28）及控制器的外观，应无积尘或杂物，清洁、干燥，紧固转向电动机及控制器机体，紧固力矩应符合厂家规定要求。

（2）检查连接转向电动机的高压连接线束（图4-29），连接应固定可靠，紧固力矩应符合车辆维修手册的规定，线束导线固定可靠，搭铁良好，接插件锁紧可靠。

图4-28 转向电动机机体　　　　图4-29 转向电动机的高压连接线束

六、电动空调系统维护

以纯电动商用车为例，其空调系统维护操作示范如下。

（1）检查纯电动商用车空调系统的风机（图4-30）工作状况，确保其运转正常无异响。

（2）检查空调系统水冷机组水泵（图4-31）工作状态，水泵应无异常噪声。

图 4-30　纯电动商用车空调系统的风机　　　图 4-31　空调系统水冷机组水泵

（3）检查空调系统中各管路的连接情况（图4-32），应连接可靠无松动。

图 4-32　空调系统管路连接情况

（4）检查电动空调压缩机（图4-33）、PTC加热器、蒸发器及冷凝器等外表面，应无积尘或杂物，表面清洁、干燥，检查系统管路应无渗漏、无破损。

图 4-33　纯电动商用车空调系统压缩机

在进行二级维护作业时，应进一步检查系统各部件安装固定情况，各部件安装应牢固。

七、冷却系统维护

纯电动汽车冷却系统包括自然风冷、强制风冷、液冷等，对于采用风扇冷却的模式，为保障风扇冷却效果，需检查风冷过滤网，确保外观清洁无破损；对于采用液冷模式的，应检查冷却系统冷却液，确保冷却液液面高度符合使用要求。同时，对于冷却风扇、冷却管路等，应确保系统运行过程中无异常噪声，以及冷却液无渗漏现象。以纯电动客车为例，冷却系统（液冷）的维护作业示范见表4-8。

冷却系统（液冷）的维护作业示范　　　　　　表 4-8

项目	图示	说明
检查膨胀水箱		冷却液液位高度应符合使用要求

第四章　纯电动汽车维护项目及操作

续上表

项　　目	图　　示	说　　明
检查散热器总成		确保与底盘连接牢固、完好，散热器表面应清洁无明显异物附着，风扇转动灵活无异响
检查水泵		清除水泵表面尘土，水泵固定螺栓应牢固无松动
检查冷却水路		各连接管线连接良好，无破损、碰擦
检查线束导线		散热风扇和水泵插接件连接应牢靠，线束无磨损

第五节　其他维护项目

一、高压维修开关维护

高压维修开关可能出现的失效形式包括长期使用后的外壳脱落、松动等现象，在维护过程中，要求维护人员关注其外观，确保无烧蚀变形，且无松动发热现象，连接牢靠，卡扣有效，无卡滞现象。对于采用螺栓紧固的，应对其进行紧固，确保紧固力矩符合车辆维修手册的要求。

此外，纯电动客车动力蓄电池系统通常布设多个高压维修开关，在维护作业期间，要注意每个高压维修开关要一一对应连接到各自的动力蓄电池箱体，部分车型的高压维修开关专门设置了熔断器（维修开关上写有"Fuse"字样），需要进行区分。同时，也应确保开关内的熔断器规格与原车配置状态要求一致。图4-34和4-35为高压维修开关维护不规范导致的失效故障，其中，图4-34是由于卡扣没有卡死，行车振动松脱导致烧毁，图4-35是由于未按压卡扣，直接拔出，导致拉环断裂损坏。

图4-34　高压维修开关安装不到位造成连接位置烧蚀

图4-35　高压维修开关插拔不规范造成拉环断裂

二、充电插孔维护

充电插孔包括车身上安装充电用插座（传导式充电）或充电口（感应式充电）的装置，对于传导式的充电接口，维护作业时，应注意保持接口位置外观清洁，不能有水或其他异物，一旦水或异物进入到充电器接口，将可能引起充电接口内部短路，所以应检查并确保其外观无烧蚀、异物等。以某款纯电动客车为例，充电插孔维护示范见表4-9。

充电插孔维护示范　　　　表4-9

项　目	图　示	说　明
检查防护盖锁		防护盖锁应完好，锁闭有效
检查充电插座外观		1）检查充电插座内是否有水渍，若有水渍应及时吹干并确认无绝缘故障 2）充电插座外表面无异物、无烧蚀及生锈痕迹，若端子损坏，应及时更换充电插座

三、整车线束及接插件维护

以纯电动客车高压线束维护为例，线束维护示范见表4-10。

线束维护示范　　　　表4-10

项　目	图　示	说　明
检查过孔保护及固定是否到位		检查线束过孔保护套，应无脱落

续上表

项　目	图　示	说　明
检查过孔保护及固定是否到位		1）检查线束固定扎带是否开裂，线束是否悬空甩动，若扎带松开，需进行包扎和固定 2）检查线束是否存在波纹管破损、线束破皮现象，若线束破损，应及时更换
检查线束是否存在干涉		1）检查控制线束是否与运动部件存在干涉（比如轮胎、悬架、驱动电机、发动机等），若干涉，应进行固定。检查底盘线束是否存在被刮坏，磨损等情况，若线束损坏需及时更换 2）检查线束是否有靠近高温热源、腐蚀性油管等情况，若有，应进行重新固定
检查线束插件是否连接正常		1）检查低压线束连接器是否存在退针，如整车控制器、多合一低压电源线，若存在退针情况，应及时更换相应部件 2）检查线束连接是否松动，若松动，应及时进行紧固
检查高压连接是否锁紧完好		应确保高压连接点连接锁紧正常，避免因未锁紧导致接触电阻过大，过电流发热导致烧毁

四、高压警告标记维护

《安全标志及其使用导则》(GB 2894—2008)将安全标志分为四种,分别是禁止标志、警告标志、指令标志和提示标志。其中,警告标志指的是提醒人们对周围环境引起注意,以避免可能发生危险的图形标志。GB 18384—2020要求纯电动汽车上应设置高压警告标记(如图4-36、图4-37及图4-38所示,标记底色为黄色,边框和箭头为黑色),且B级电压电路中的电缆和线束外皮应采用"橙色"加以区别,以防止人员误操作或者高压部件失效导致人员触电。高压警告标记作为整车安全防护的必要措施之一,能够在纯电动汽车使用、维护环节中直观提醒作业人员注意高压安全。因此,要求在维护过程中,应检查车身高压安全警告标记标识是否完好、规范、外观清晰、粘贴是否牢固无脱落等,应检查的部件通常包括动力蓄电池、驱动电机、转向电动机、空调压缩机、DC/DC变换器、驱动电机控制器、转向电机控制器、空气压缩机控制器、高压配电箱、高压维修开关、高压线束及连接器等。

图4-36 蓄电池上的"高压危险"标识

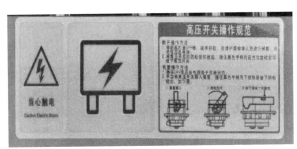

图4-37 电器舱"当心触电"标识

图4-38　配电箱上的"高压危险 严禁踩踏"标识

此外，除了安全警告标记外，动力蓄电池上通常还粘贴有蓄电池参数说明标签，通过该类标签，可以获取动力蓄电池的类型、零件编号、生产厂家以及主要的性能参数等指标（如容量、额定电压等）。在检查安全警告标记时，对这些标签的检查也是必要的，目的是确保维修作业在必要情况下准确识别和获取蓄电池类型及参数。

五、电器舱、蓄电池舱维护

以某款纯电动客车电器舱和蓄电池舱（图4-39）为例，其维护示范及说明见表4-11和表4-12。

a)

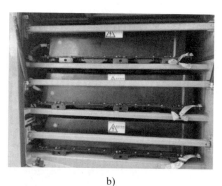
b)

图4-39　某款纯电动客车电器舱和蓄电池舱
　　　　a）电器舱；b）蓄电池舱

第四章　纯电动汽车维护项目及操作

电器舱维护示范及说明　　　　　　　表4-11

项　　目	图　　示	说　　明
检查电器舱锁闭功能，鼻嗅是否存在异味		确认舱门锁闭完好有效；电器舱周围无刺激或者烧焦等异味，发现异常及时报修
目视检查接线端子和高低压线束连接		确认连接可靠无脱落，线束捆扎完好有效
检查动力蓄电池高压盒及接线，检查高压电缆线束		确认蓄电池接线盒线束连接完好，无松动脱落；高压电缆线无磨损和干涉，固定完好无松动，存在电缆破损时应及时更换
检查高压设备搭铁连接情况		确认高压部件搭铁连接正常，搭铁点避免喷漆和污染，对于采用螺栓固定的搭铁，应确保搭铁点紧固符合厂家规定要求

· 123 ·

续上表

项　　目	图　　示	说　　明
检查舱内线束过孔情况	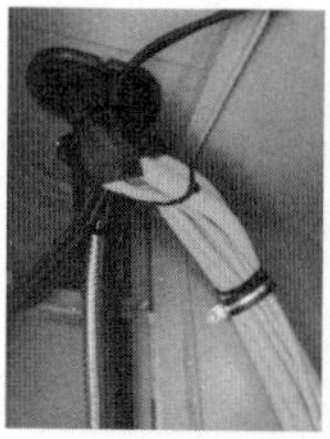 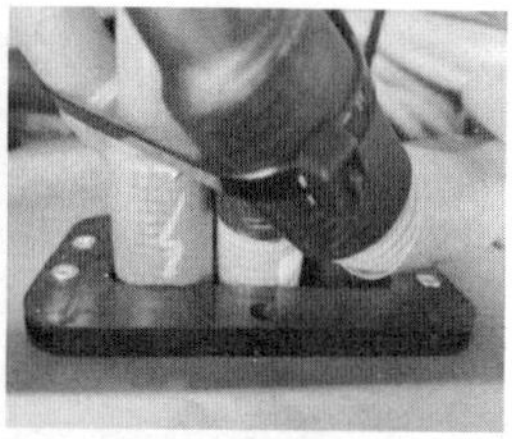	确认过孔位置线束保护套管无破损
检查风扇运行情况		确认无异响
检查自动灭火器状态	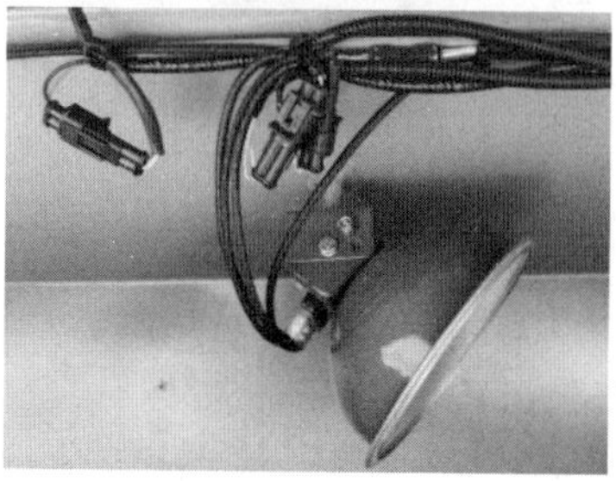	灭火器中灭火剂若过期应及时更换

蓄电池舱维护示范及说明　　　　表4-12

项　　目	图　　示	说　　明
检查各蓄电池舱锁闭状况；检查蓄电池箱体外观和固定情况，检查壳体搭铁线连接情况		确认舱门锁闭完好有效；蓄电池箱体外观完好，若出现损坏则应及时进行更换；若蓄电池箱体固定螺栓松动，则需要按照紧固力矩锁紧。壳体搭铁连接固定应完好

续上表

项 目	图 示	说 明
检查BMS通信线插件是否连接牢靠，高低压线束连接是否存在松动或其他异常	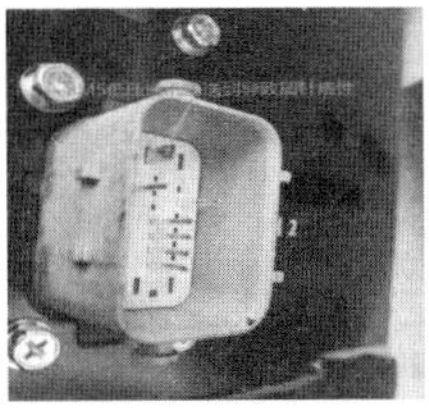 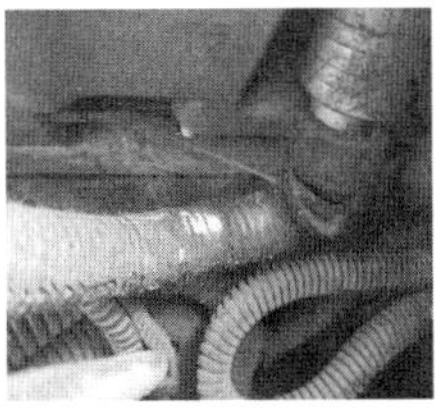	确认线束固定连接正常，若有异常，应及时进行固定、调整或更换
检查系统整体外观	 	若外观积灰严重，应及时进行清理
检查蓄电池舱排水孔	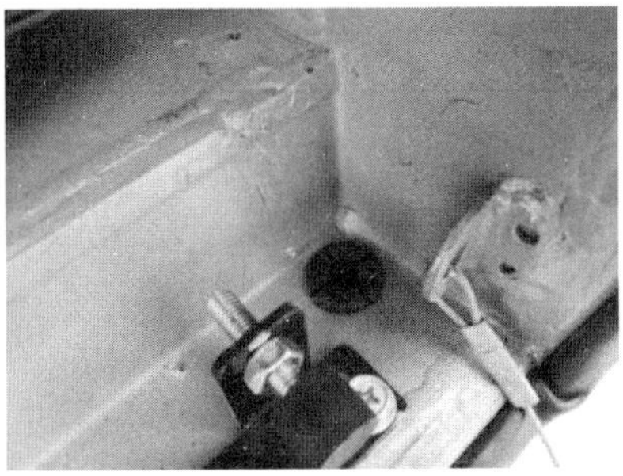	确认排水孔无堵塞

六、竣工检验

根据交通运输部令《机动车维修管理规定》要求，车辆二级维护完成后需进行竣工检验，JT/T 1344规定了电动系统专用装置应进行竣工检验的项目、方法及技术要求，见表4-13，可作为企业参考使用。

竣工检验项目、方法及技术要求　　　　表4-13

序号	项目	方法	技术要求
1	故障码	使用诊断仪进行故障诊断	无故障信息
2	仪表、指示信号装置	检视	功能正常，信号装置无异常信息

续上表

序号	项目	方法	技术要求
3	灭火装置	检视	自动灭火装置无报警信号,压力值在正常范围内,产品装置在有效期内
4	充电状态	检查	充电连接配合正常,充电保护有效
5	外观	检视	高压系统部件干燥干净,无异物、无积尘、无变形破损
			线束和接插件无积尘、无破损、无老化
			高压警告标识齐全、规范、清晰、固定完好
6	固定情况	检视	高压系统部件安装牢固,线束固定可靠,接插件接插可靠
7	冷却(散热)系统	检查	动力蓄电池系统、驱动电机系统、空调系统等系统冷却工作正常
8	密封性	检查	无漏油、无漏液、无漏气
9	路试检查	检查	车辆起动正常,起步、加速平稳,无明显冲击,动力传输无异响
			转向轻便,无异常
			行车制动过程中制动能量回收功能正常

参考文献

［1］王志福, 张承宁.电动汽车电驱动理论与设计［M］.北京：机械工业出版社, 2017.

［2］全国汽车标准化技术委员会.电动汽车术语： GB/T 19596—2017［S］．北京：中国标准出版社, 2017.

［3］孙逢春, 等.电动汽车工程手册　第一卷　纯电动汽车整车设计［M］.北京：机械工业出版社, 2020.

［4］孙逢春, 等.电动汽车工程手册　第四卷　动力蓄电池［M］.北京：机械工业出版社, 2020.

［5］陈清泉,孙立清.电动汽车的发展现状和趋势［J］.科技导报, 2005, 23（4）: 24-28.

［6］全国高压电气安全标准化技术委员会.电力安全工作规程　发电厂和变电站电气部分：GB 26860—2011［S］.北京：中国标准出版社, 2011.

［7］刘太生.浅议人体电阻、安全电流及安全电压［J］.新课程学习（中）, 2011(07):105.

［8］姜丽娟,张思扬. 新能源汽车故障诊断［M］.北京：机械工业出版社, 2018.

［9］全国电气安全标准化技术委员会.特低电压（ELV）限值： GB/T 3805—2008［S］.北京：中国标准出版社, 2008.

［10］全国汽车标准化技术委员会.电动汽车用动力蓄电池产品规格尺寸：GB/T 34013—2017［S］.北京：中国标准出版社, 2017.

［11］王亚龙.纯电动城市物流车动力电池温度稳定性研究［D］.太原理工大学, 2017.

［12］孙海燕, 等.电动汽车水冷式永磁同步电机设计与分析［J］.科学技术与工程, 2019, 19（13）.87-91.

［13］李新茹.浅谈电动汽车的充电系统［J］.汽车实用技术, 2019(18):15-17.

［14］中国电力企业联合会. 电动汽车传导充电系统　第1部分：通用要求：GB/

T 18487.1—2015［S］.北京：中国标准出版社, 2015.

［15］宋健, 吕连杰, 禤文伟, 等. 蓄能式商用车电动液压助力转向系统［J］. 清华大学学报（自然科学版）, 2014,54(9):1209-1214.

［16］周廷明, 等. 电动助力转向系统及其关键技术［J］. 机床与液压, 2012,40(07):176-179+209.

［17］晋兵营, 等. 汽车电动助力转向系统发展综述［J］. 拖拉机与农用运输车, 2010,37(01):1-2+5.

［18］赵航, 史广奎. 混合动力电动汽车技术［M］. 北京：机械工业出版社, 2020.

［19］陈运来, 等. 电动客车电动液压助力转向系统的匹配设计［J］. 客车技术与研究, 2016,38(05):19-22+26.

［20］梁志豪, 巫江虹, 金鹏, 等. 电动汽车热泵空调系统结霜特性及除霜策略［J］. 兵工学报, 2017,38(01):168-176.

［21］高兵, 等. 电动汽车热泵空调低温环境应用技术问题分析［J］. 内燃机与配件. 2019（06）:59-61.

［22］黄江波. 电动汽车线束布置的研究［J］. 时代汽车, 2018(06):60-61.

［23］蔡晶晶. 汽车线束的精益设计及布置［J］. 工业设计, 2012(03):262.

［24］何勇, 杨求光. 汽车线束搭铁设计［J］. 汽车电器, 2014(10):6-8.

［25］陈朋, 等. 汽车线束搭铁设计［J］. 汽车电器, 2015(04):28-30.

［26］刘洋, 刘丹, 等. 浅谈纯电动汽车整车级高压线束开发［J］. 汽车实用技术, 2018,44(11):13-15+18.

［27］赵雷雷, 秦振海, 袁凯, 等. 新能源商用车高压线束设计与布置［J］. 汽车电器, 2019(04):11-13.

［28］单黎婷, 等. 新能源汽车高压线束高压互锁原理和应用浅析［J］. 汽车电器, 2019(02):8-10.

［29］刘昕伟, 周美玲, 等. 新能源汽车高压连接器可靠性研究［J］. 时代汽车, 2021(06):93-94.

［30］全国建筑电气装置标准化技术委员会. 电流对人和家畜的效应　第1部分：通用部分：GB/T 13870.1—2008［S］. 北京:中国标准出版社, 2008.

［31］刘洋, 刘丹, 等. 浅谈纯电动汽车整车级高压线束开发［J］. 汽车实用技术,

2018,44(11):13-15+18.

[32] 全国带电作业标准化技术委员会.带电作业用绝缘手套: GB/T 17622—2008［S］.北京: 中国标准出版社, 2008.

[33] 全国个体防护装备标准化技术委员会.足部防护 电绝缘鞋: GB 12011—2009［S］.北京：中国标准出版社, 2009.

[34] 全国个体防护装备标准化技术委员会.个人用眼护具技术要求: GB 14866—2006［S］.北京: 中国标准出版社, 2006.

[35] 全国个体防护装备标准化技术委员会.头部防护 安全帽: GB 2811—2019［S］.北京: 中国标准出版社, 2019.

[36] 全国个体防护装备标准化技术委员会. 头部防护 安全帽选用规范: GB/T 30041—2013［S］.北京: 中国标准出版社, 2013.

[37] 全国汽车维修标准化技术委员会.汽车维修术语： GB/T 5624—2019［S］.北京：中国标准出版社, 2019.

[38] 全国汽车标准化技术委员会.汽车操纵件、指示器及信号装置的标志：GB 4094—2016［S］.北京：中国标准出版社, 2016.

[39] 全国汽车标准化技术委员会.电动汽车 操纵件、指示器及信号装置的标志：GB/T 4094.2—2017［S］.北京: 中国标准出版社, 2017.

[40] 兰楠,陈雄,周海红,等.纯电动汽车人员触电防护试验方法探究［J］.时代汽车, 2017(24)：50-51+54.

[41] 黄勇, 等.电动汽车电气绝缘检测方法的研究［J］.现代制造工程, 2005(04)：93-95.

[42] 张君.分布式蓄电池管理系统的研究［D］.合肥工业大学, 2012.

[43] 张志雄,李小鹏.电动汽车绝缘电阻检测方法研究［J］.天津职业技术师范大学学报, 2018,28(03):47-51.

[44] 赵志刚,杨金波, 等.电动汽车绝缘电阻检测系统设计与研究［J］.工业仪表与自动化装置, 2018(04):54-57+64.

[45] 周晨,胡社教,沙伟,等.电动汽车绝缘电阻有源检测系统［J］.电子测量与仪器学报, 2013,27(05):409-414.

[46] 陈宁, 等.电动汽车绝缘电阻的有源检测方法.第35届中国控制会议论文集

[C].2016.

[47] 郭宏榆,姜久春,温家鹏,等.新型电动汽车绝缘检测方法研究[J].电子测量与仪器学报,2011,25(03):253-257.

[48] 胡芳芳,彭永伦,郝东辉.纯电动汽车安全技术检验项目和方法标准研究[J].中国标准化,2013(02):64-67.

[49] 凌钢.浅析电气设备绝缘电阻测量技术[J].自动化应用,2018(09):49-50.

[50] 赵雷雷,秦振海,袁凯,等.新能源商用车高压线束设计与布置[J].汽车电器,2019(04):11-13.

[51] 周文坛.车载高压配电系统安全性研究[J].价值工程,2017,36(27):89-90.

[52] 朱立德,周思林,张鹏,等.基于某车型动力电池MSD维修开关的研究[J].汽车电器,2018(06):4-6+12.

[53] 王景松,孙李璠,等.纯电动汽车电平衡计算[J].汽车电器,2019(04):8-10+13.

[54] Chi Kong Tse.Complex Behavior of Switching Power Converters[M].CRC Press:2003-07-28.

[55] 陈运来,闫帅林,王浩宇.电动空气压缩机在电动客车上的应用及发展[J].客车技术与研究,2018,40(06):19-22.

[56] 邓峰,谷正气,杨易,等.汽车前风窗玻璃除霜除雾数值模拟分析和研究[J].汽车工程,2009,31(02):175-179+188.

[57] 郭科伟,陈彦龙,董立亮,等.红外热成像检测技术在电动汽车高压线束接头检测中的应用[J].汽车维护与修理,2019(05):66-68.

[58] 陈燎,程云峰,盘朝奉.具备能量回收功能的电动汽车续驶里程研究[J].重庆理工大学学报(自然科学),2016,30(08):27-30.

[59] 胡芳芳,彭永伦,郝东辉.纯电动汽车安全技术检验项目和方法标准研究[J].中国标准化,2013(02):64-67.

[60] 李雪松,张成,等.汽车线束搭铁设计策略[J].汽车电器.2018(01):26-29.

[61] 王文义,等.等电位联结的应用[J].电气应用,2006(01):139-141+124.

[62] 秦振海,等.电动汽车高压电安全系统设计要求(接触防护)[J].汽车电器,2018(11):1-5.

附件 《纯电动汽车维护、检测、诊断技术规范》（JT/T 1344—2020）

纯电动汽车维护、检测、诊断技术规范

1 范围

本标准规定了纯电动汽车维护的作业安全和作业要求等。

本标准适用于在用纯电动汽车。

2 规范性引用文件

下列文件对于本文件的应用是必不可少的。凡是注日期的引用文件，仅注日期的版本适用于本文件。凡是不注日期的引用文件，其最新版本（包括所有的修改单）适用于本文件。

GB/T 5624 汽车维修术语

GB/T 18344 汽车维护、检测、诊断技术规范

GB 18384 电动汽车安全要求

GB/T 19596 电动汽车术语

3 术语和定义

GB/T 5624、GB/T 19596界定的以及下列术语和定义适用于本文件。

3.1

纯电动汽车 battery electric vehicle; BEV

驱动能量完全由电能提供的、由电机驱动的汽车。电机的驱动电能来源于车载可充电储能系统或其他能量储存装置。

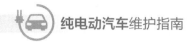

[GB 19596—2017，定义3.1.1.1]

3.2

常规维护 routine maintenance

为维持纯电动汽车上的制动系、转向系、行驶系、传动系等机械系统（部件）及低压电气系统的完好技术状况或工作能力而进行的作业。

3.3

电动系统专用装置维护 maintenance of special equipment for electric system

为维持纯电动汽车上的高压系统及其相关附件的完好技术状况或工作能力而进行的作业。

4 维护作业安全

4.1 维护作业场地应干燥，并设置警示隔离区和警示牌。

4.2 维护作业区域应配备消防及高压防护应急设备，包括但不限于消防剪、消防沙、消防铲、灭火器、防毒面罩和绝缘棒等。

4.3 纯电动汽车高压系统（以下简称"高压系统"）维护作业人员应取得电工特种作业操作证，并经专业培训合格后上岗。

4.4 高压系统维护作业时，应由不少于2人协同操作，维护作业人员应遵守电工安全操作规范。

4.5 高压系统维护作业人员应穿戴安全防护装备，使用具有绝缘防护的作业工具，禁止佩戴金属饰品进行作业。安全防护装备应包括但不限于绝缘手套（耐压等级在1000V以上）、绝缘鞋、眼护具、安全帽等。防护装备和作业工具应无破损，绝缘有效。

4.6 高压系统维护作业前，应按照关闭车辆电源总控制开关、断开辅助蓄电池正负极或关闭辅助蓄电池开关手柄、关闭高压维修开关的顺序（或按照车辆维修保养手册规定的顺序）对车辆进行断电，确认动力蓄电池高压输出线路系统的正负极电压低于36V，且绝缘阻值符合车辆维修保养手册规定后，方可进行维护作业。维护作业完成后，应按照车辆断电的逆向顺序（或车辆维修保养手册规定的顺序）对车辆进行通电复位。

4.7 车辆维修保养手册规定有其他操作安全和故障防护特殊要求的，还应遵循

附件 《纯电动汽车维护、检测、诊断技术规范》（JT/T 1344—2020）

其相关规定要求。

5 维护作业要求

5.1 一般要求

5.1.1 纯电动汽车维护分日常维护、一级维护和二级维护；日常维护由驾驶员在出车前、行车中和收车后执行，一级、二级维护由专业人员执行。

5.1.2 一级、二级维护周期应按照车辆维修保养手册、使用说明书及GB/T 18344，结合车辆类别、车辆运行状况、行驶里程、道路条件和使用年限等确定。

5.1.3 纯电动汽车维护分为常规维护和电动系统专用装置维护。常规维护应按照GB/T 18344的规定进行。

5.1.4 二级维护的作业流程参照GB/T 18344的规定进行。

5.1.5 纯电动汽车应按照车辆维修保养手册或使用说明书要求的频次和方法对动力蓄电池进行均衡。

5.2 日常维护

5.2.1 电动系统专用装置日常维护作业项目和要求见附表1。

5.2.2 驾驶员在日常维护过程中发现异常应及时报修。

电动系统专用装置日常维护作业项目和要求　　　　附表1

序号	作业项目	作业要求
1	仪表、信号指示装置	1）检查仪表外观及指示功能，仪表应完好有效，指示功能应正常； 2）检查信号指示装置，信号指示应无异常声光报警和故障提醒； 3）检查电池荷电状态（SOC）示值或参考行驶里程示值情况，示值应符合车辆维修保养手册的规定
2	驱动电机系统	1）检查运行工作状况，运行应平稳，且无异常振动和噪声； 2）检查系统外观及连接管路，表面应清洁，管路应无渗漏现象
3	冷却系统	1）检查风冷过滤网外观，过滤网应洁净、无破损； 2）检查运行工作状况，运行过程中应无异常噪声和渗漏现象； 3）检查冷却液液面高度，液面高度应符合车辆维修保养手册的规定
4	充电插孔	1）检查充电插孔外观，插孔应无烧蚀、异物，插座应清洁、干燥； 2）检查防护盖，防护盖应锁闭完好
5	电器舱、电池舱	1）检查电器舱舱门和电池舱舱门的关闭状态，舱门锁闭应完好有效； 2）鼻嗅检查，舱体周围应无刺激或烧焦等异味

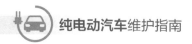

5.3 一级维护

电动系统专用装置一级维护作业项目和要求见附表2。

电动系统专用装置一级维护作业项目和要求　　　附表2

序号	作业项目		作业要求
1	整车绝缘		检查整车绝缘电阻监测系统，绝缘电阻监测系统无报警，如存在异常情况，参照附录A进行检查并记录，绝缘电阻应符合 GB 18384 的规定
2	动力蓄电池系统	工作状况	1) 检查仪表显示的 SOC、电压、电流、温度等示值，示值应符合车辆维修保养手册的规定； 2) 检查电池箱压力阀的外观，阀体应无破损和堵塞
		外观	1) 检查电池舱舱盖，电池舱舱盖应锁闭正常且无变形； 2) 检查电池箱壳体表面，壳体表面应无异常变形和破损，无磕碰及损坏，无异味和异常渗漏； 3) 检查电池托架结构表面，电池托架结构表面应无异常断裂、变形和锈蚀； 4) 检查系统表面是否存在积尘或杂物，对存在积尘或杂物的，应使用风枪或毛刷进行清洁，外表面应无明显积尘或杂物，且干燥； 5) 检查电池外部高低压接口，高低压接口内部应无水迹、烧蚀等痕迹，低压通信接口端子应无变形或松动现象； 6) 检查高压线束及接插件，高压线束应无破损，与车辆运动部件无干涉，接插件清洁、无破损； 7) 检查动力蓄电池管理系统壳体、连接线束及接插件，壳体及连接线束应清洁、干燥，接插件完好，线路布设无干涉
		冷却系统	1) 检查冷却液高度，视情补给或更换冷却液，液面高度应符合车辆维修保养手册的规定； 2) 检查冷却管路固定情况，软管与硬管连接处无异常渗漏，管路布设无干涉； 3) 检查散热器或冷却装置的外观，外观应清洁，连接管路应固定可靠且无异常泄漏
3	驱动电机系统	外观	1) 检查驱动电机箱体、减速器箱体及驱动电机控制器壳体外表面，外表面应无明显积尘、渗漏或裂纹，且应清洁、干燥； 2) 检查高压线束，线束应无破损和老化现象，接线柱无氧化腐蚀现象； 3) 检查连接线束，线束应清洁、干燥且线路布设无干涉
		冷却系统	1) 检查冷却液液面高度，视情补给或更换冷却液，液面高度应符合车辆维修保养手册的规定； 2) 检查冷却管路的固定情况，软管与硬管连接应无异常渗漏，管路布设无干涉
		润滑系统	检查润滑系统，视情补给或更换润滑油脂，润滑油液位或润滑脂使用应符合车辆维修保养手册的规定

附件 《纯电动汽车维护、检测、诊断技术规范》（JT/T 1344—2020）

续上表

序号	作业项目	作业要求
4	高压配电系统	1）检查各系统配置及系统箱体外表面是否存在积尘或杂物，对存在积尘或杂物的，应使用风枪或毛刷对箱体外部、内部各装置及相关插接件表面等进行清洁，外表面应无积尘或杂物，且干燥； 2）检查主开关通断情况，主开关通断功能应有效，开关动作灵活，无卡滞现象，并紧固熔断器接线螺母，熔断器接线螺母应固定牢靠
5	高压维修开关	1）检查维修开关工作状态及外观，应无松动发热现象，无烧蚀变形； 2）检查插拔、通断连接情况，插拔、通断过程中应无卡滞现象
6	车载充电机	1）检查充电机外表面是否存在积尘或杂物，对存在积尘或杂物的，应使用风枪或毛刷进行清洁，外表面应无积尘或杂物，且干燥； 2）检查充电工作状态，充电连接配合正常，充电保护有效
7	电源变换器	检查变换器外表面是否存在积尘或杂物，对存在积尘或杂物的，应使用风枪或毛刷进行清洁，外表面应无积尘或杂物，且干燥
8	电动空气压缩机	1）检查电机运行状况，电机运行应无异响； 2）检查电机机体和控制器壳体等外表面是否存在积尘或杂物，对存在积尘或杂物的，应使用风枪或毛刷进行清洁，外表面应无积尘或杂物，且干燥； 3）检查连接线束、接线柱，线束应无破损老化，接线柱应无氧化腐蚀； 4）检查控制器连接线束，线束应清洁、干燥且布线规范； 5）检查电机润滑系统，视情补给或更换润滑油脂，润滑油液位或润滑脂使用应符合车辆维修保养手册的规定 6）检查电动空气压缩机管路，管路应无漏气现象； 7）检查空气滤清器或油滤清器，并按规定里程或时间更换滤清器，滤清器应清洁且无破损
9	转向系统	1）检查转向电机工作状况，电机运行应无异响； 2）检查电机机体和控制器壳体外表面是否存在积尘或杂物，对存在积尘或杂物的，应使用风枪或毛刷进行清洁，外表面应无积尘或杂物，且干燥
10	空调系统	1）检查空调系统风机工作状况，风机运转应正常，且无异响； 2）检查系统各管路连接情况，各管路应连接可靠且无松动； 3）检查电动空调压缩机、正温度系数（PTC）加热器、蒸发器及冷凝器等外表面是否存在积尘或杂物，对存在积尘或杂物的，应使用风枪或毛刷进行清洁，外表面应无明显积尘或杂物，且干燥； 4）检查系统连接管路外表面，管路应无渗漏、破损

续上表

序号	作业项目	作业要求
11	电除霜器	检查电除霜器外表面，外表面无尘土杂物堵塞。
12	充电插孔	1）检查保护盖开启和锁闭情况，保护盖的开启锁闭功能有效； 2）检查充电插孔接插情况，接插应可靠无松脱； 3）检查充电插孔外表面，表面应无异物、烧蚀及生锈痕迹，插座内部应干燥、清洁
13	整车线束、接插件	1）检查整车线束外表面，线束绝缘层应无老化、破损，且无裸露； 2）检查整车接插件外表面是否存在积尘或杂物，对存在积尘或杂物的，应使用风枪或毛刷进行清洁，外表面应无尘土或杂物，且干燥
14	制动能量回收系统	检查制动能量回收系统工作状况，仪表显示的制动能量回收反馈信息应正常有效
15	高压警告标记	检查高压警告标记是否完好、规范、清晰，粘贴是否牢固、无脱落

5.4 二级维护

5.4.1 使用诊断仪对电动系统专用装置进行进厂检验，读取故障码并确定应维护的项目。

5.4.2 根据驾驶员反馈的车辆技术状况和电动系统专用装置进厂检验结果确定电动系统专用装置附加作业项目。

5.4.3 电动系统专用装置二级维护作业项目包括表2和5.4.2确定的附加作业项目，并在此基础上有所增加，增加的作业项目和要求见附表3。

电动系统专用装置二级维护增加的作业项目和要求　　　附表3

序号	作业项目	作业要求
1	动力蓄电池系统	1）检查系统安装固定情况，紧固动力蓄电池箱体及托架、动力蓄电池管理系统箱体等固定螺栓，紧固力矩应符合车辆维修保养手册的规定； 2）检查高压线束、接线柱等连接固定情况，线束及接线柱的连接应固定可靠、无松脱；紧固动力蓄电池及动力蓄电池管理系统的正负极接线柱固定螺栓，紧固力矩应符合车辆维修保养手册的规定； 3）检查线束固定情况、接插件连接情况，线束应固定可靠、无脱落，接插件应锁紧可靠； 4）根据车辆维修保养手册要求进行气密性检查，系统气密性符合车辆维修保养手册的规定

附件 《纯电动汽车维护、检测、诊断技术规范》（JT/T 1344—2020）

续上表

序号	作业项目	作业要求
2	驱动电机系统	1）检查系统安装固定情况，紧固力矩应符合车辆维修保养手册的规定； 2）检查高压线束、接线柱等连接固定情况，线束及接线柱的连接应固定可靠、无松脱；紧固驱动电机的三相接线柱、电机控制器的三相接线柱及正负极接线柱的固定螺栓，固定螺栓的紧固力矩应符合车辆维修保养手册的规定； 3）检查线束固定情况、接插件连接情况，线束应固定可靠无脱落，接插件应锁紧可靠； 4）视情或按维修保养手册规定里程及时间要求更换轴承； 5）检查电机高压接线盒内部状况，接线盒内部应干燥、无冷凝水
3	高压配电系统	1）检查系统安装固定情况，紧固高压配电装置及系统箱体的固定螺栓，紧固力矩应符合车辆维修保养手册的规定； 2）检查高压线束、接线柱等连接固定情况，线束及接线柱的连接应固定可靠、无松脱； 3）检查线束固定情况、接插件连接情况，线束应固定无脱落，接插件应锁紧可靠
4	高压维修开关	检查固定情况，紧固固定螺栓，紧固力矩应符合车辆维修保养手册的规定
5	车载充电机、电源变换器	1）检查机体安装固定情况，紧固固定螺栓，紧固力矩应符合车辆维修保养手册的规定； 2）检查高压线束及其接插件之间的连接固定情况，线束及接线柱的连接应无松脱
6	电动空气压缩机	1）检查电机机体和控制器壳体安装情况，紧固安装固定螺栓，紧固力矩应符合车辆维修保养手册的规定； 2）检查高压线束、接线柱等连接固定情况，紧固电机三相接线柱固定螺栓，紧固力矩应符合车辆维修保养手册的规定； 3）检查控制器线束固定情况、接插件连接情况，线束及接线柱的连接应无松脱
7	转向系统	1）检查转向电机机体和控制器壳体安装固定情况，紧固力矩应符合车辆维修保养手册的规定 2）检查高压线束、接线柱等连接固定情况，紧固转向电机的三相接线柱、电机控制器的三相接线柱及正负极接线柱的固定螺栓，紧固力矩应符合车辆维修保养手册的规定； 3）检查控制器线束固定情况、接插件连接情况，线束应固定无脱落，接插件应锁紧可靠

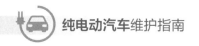

续上表

序号	作业项目	作业要求
8	空调系统、电除霜器	检查部件安装固定情况，固定螺栓的紧固力矩应符合车辆维修保养手册的规定
9	整车线束、接插件	检查线束固定情况和接插件连接情况，线束固定可靠、无脱落，接插件应锁紧可靠

5.4.4 电动系统专用装置二级维护竣工检验项目和要求见附表4，检验记录单参见附录B。

电动系统专用装置二级维护竣工检验项目和要求　　　　附表4

序号	检验项目	检验要求
1	故障码	使用诊断仪进行故障诊断，应无故障信息
2	仪表、信号指示装置	仪表和信号指示装置的功能应正常，且无异常信息
3	灭火装置	灭火装置应无报警信号，压力值在正常范围内，产品装置在有效期内
4	充电状态	充电连接应配合正常，充电保护应有效
5	外观	1）高压系统部件应干燥干净，无异物、积尘、变形破损； 2）线束、接插件应无积尘、破损和老化； 3）高压警告标记应齐全、规范、清晰且固定完好
6	固定情况	高压系统部件应安装牢固，线束固定可靠，接插件应锁紧可靠
7	冷却（散热）系统	动力蓄电池系统、驱动电机系统等系统冷却功能应正常有效
8	密封性	无漏油、漏液、漏气
9	路试检查	1）车辆应起动正常，起步、加速平稳且无明显冲击，动力传输应无异响； 2）转向应轻便，无卡滞现象；行车制动过程中制动能量回收功能正常

附件 《纯电动汽车维护、检测、诊断技术规范》（JT/T 1344—2020）

附 录 A
（资料性附录）
绝缘电阻检测记录表

绝缘电阻检测记录见附表A.1。

绝缘电阻检测记录表　　　　　　　　附表 A.1

车牌号:	作业人员（签字）:			检测日期:	年 月 日
直流项	正极对车身		负极对车身		
检测项目	测量值	结果	测量值		结果
动力蓄电池					
驱动电机控制器					
PTC 加热器					
电除霜器					
电源变换器					
车载充电机					
充电插孔					
高压维修开关					
交流项	U 相对车身		V 相对车身		W 相对车身
检测项目	测量值	结果	测量值	结果	测量值	结果
驱动电机						
电动转向电机						
电动空气压缩机						
驱动电机控制器						
车载充电机						

注1：结果一栏符合要求的记"√"，不符合要求的记"○"。
注2：若无表中某项或某几项，则这些项目不作要求；若存在其他项目，宜作相应增项。

附 录 B
(资料性附录)
电动系统专用装置二级维护竣工检验记录单

电动系统专用装置二级维护竣工检验记录单见附表B.1。

电动系统专用装置二级维护竣工检验记录单　　　附表 B.1

托修方		车牌号：			
承修方					
检验项目	检验结果				
故障码	□无故障码		□有故障码，信息描述		
仪表、信号指示装置	□无异常报警或信号提醒		□有异常报警或信号，信息描述		
灭火装置	□功能正常且在有效期内		□更换		
充电状态	□充电配合正常，充电保护有效		□充电连接异常		
绝缘性	□绝缘有效		□绝缘故障		
检查项目	运行状况	外观	固定情况	密封性	冷却（散热）系统
动力蓄电池系统					
驱动电机系统					
电动空气压缩机					/
转向系统					/
空调系统					/
电除霜器	/		/	/	
高压维修开关	/			/	/
电源变换器	/				/
车载充电机					
充电插孔	/		/	/	/
制动能量回收系统		/	/	/	/
高压警告标记	/			/	/
结论			检验人员（签字）：	年　月　日	

注 1：检查结果中符合要求的对应位置记"√"，不符合要求的记"○"，"/"表示此项不作要求。
注 2：若无表中某项或某几项，则这些项目不作要求；若存在其他项目，宜作相应增项。